U0806830

本书为国家社会科学基金重大招标项目“汉代铜器资料整理及其综合研究”（项目编号：19ZDA197）的阶段性成果

武陵山区战国秦汉时期的铜器窖藏与人群

吴小平　著

科学出版社
北　京

内 容 简 介

战国秦汉时期武陵境内的窖藏十分丰富，所出多为铜器，器类涉及錞于、扁钟、钲、洗、鍪、釜等，其出现与山川祭祀有关，背后的人群很可能为当地的蛮夷。其总体变化呈现为：战国中晚期出现、战国晚期至西汉阶段发展、东汉早期几乎不见、东汉中晚期兴盛、之后急剧衰落和消亡；窖藏器物由乐（响）器、到乐（响）器与生活日用器的构成转变；分布则为各地零星发现，到鄂西南为主，再到以湘西北部、鄂西南为重心的转移。结合境内的墓葬及其属性分析，可知境内在战国中晚期开始便渐渐纳入了华夏社会的统治秩序之中，铜器窖藏和墓葬遗存的兴衰变化反映了华夏、蛮夷社会势力此消彼长的过程。

本书可供考古学、民族学、历史学等学科人员参考和阅读。

图书在版编目（CIP）数据

武陵山区战国秦汉时期的铜器窖藏与人群 / 吴小平著. -- 北京：科学出版社，2025. 4. -- ISBN 978-7-03-081819-5

Ⅰ. K876.414

中国国家版本馆CIP数据核字第20256GU724号

责任编辑：柴丽丽 / 责任校对：邹慧卿
责任印制：肖　兴 / 封面设计：程星涛

科学出版社 出版
北京东黄城根北街 16 号
邮政编码：100717
http://www.sciencep.com
北京汇瑞嘉合文化发展有限公司印刷
科学出版社发行　各地新华书店经销
*
2025年4月第　一　版　开本：787 × 1092　1/16
2025年4月第一次印刷　印张：10 1/2
字数：249 000

定价：150.00元

（如有印装质量问题，我社负责调换）

前　言

武陵山区位于湖北、湖南、重庆、贵州四省市交界地带，根据地势大致分为湘西、鄂西南、渝东南和黔东北四个区域。商周时期巴、濮等土著分散在境内的不同区域内，东周时期随着楚、秦的进入，渐渐被纳入郡县的统治。至两汉时期，湘西一带主要为武陵郡管辖，黔东北和渝东南归属牂牁、巴郡，鄂西南大体在南郡治内。

近代开始境内经常发现铜器窖藏遗存，出土物基本为铜器，罕见陶、瓷等其他质地，器类涉及錞于、扁钟、洗、圆壶、碗等。不过目前相关的研究十分有限，除了对錞于有较为深入的研究外[①]，更多限于对窖藏的介绍[②]。有关窖藏的文化构成特征、时代、地域分布、兴衰变化、背后的人群和社会的演化进程等方面，尚无人涉及，境内铜器窖藏的研究还有很大的空间。

为此，下面便围绕上述问题展开分析。

---

① 熊传新：《湖南发现的古代巴人遗物》，文物编辑委员会：《文物资料丛刊》（7），文物出版社，1983年，第30～33页；熊传新：《我国古代錞于概论》，中国考古学会：《中国考古学会第二次年会论文集（1980）》，文物出版社，1982年，第80～89页；李衍垣：《錞于述略》，《文物》1984年第8期；赵小凡：《试论湘鄂川黔边界地区出土的虎钮錞于的族属问题》，《贵州民族研究》1995年第2期；邓辉：《土家族区域的考古文化》，中央民族大学出版社，1999年，第196～206页；傅举有：《古代越族的乐器——錞于》，《民族研究》1983年第5期；柴焕波：《武陵山区古代文化概论》，岳麓书社，2004年，第65、66页；傅聚良：《汉代武陵蛮的敲击乐器》，《华夏考古》2001年第2期。

② 邓辉：《土家族区域的考古文化》，中央民族大学出版社，1999年，第180～191页；周明阜、吴晓玲、向元生、龙京沙编著：《凝固的文明》，青海人民出版社，2006年，第194～206页。

目　　录

第一章　窖藏发现概况 …………………………………………（1）

一、发现 …………………………………………（1）

二、特征分析 …………………………………………（12）

第二章　出土器物的文化特征及其来源与构成 …………………………………………（19）

一、文化特征 …………………………………………（19）

二、来源构成 …………………………………………（54）

三、构成特征 …………………………………………（62）

第三章　窖藏的时空分布 …………………………………………（63）

一、时代特征 …………………………………………（63）

二、不同阶段的分布 …………………………………………（71）

第四章　窖藏的属性与人群 …………………………………………（78）

一、属性 …………………………………………（78）

二、人群 …………………………………………（80）

第五章　战国秦汉时期其他遗存属性的确认与分析 …………………………………………（83）

一、黔东北一带 …………………………………………（83）

二、渝东南境内 …………………………………………（84）

三、鄂西南的清江流域 …………………………………………（86）

四、湘西 …………………………………………（88）

五、总体特征 …………………………………………（99）

第六章　境内的人群与社会 …………………………………………（101）

一、渝东南地区 …………………………………………（101）

二、黔东北 …………………………………………（104）

三、澧水中上游 …………………………………………（105）

四、清江流域 …………………………………………（108）

五、沅水中上游地区 ……(112)
六、结论……(123)
余论……(125)
附录　论武陵地区出土的刻纹铜壶……(131)
一、发现概况……(131)
二、特征观察……(133)
三、与其他地区的比较……(142)
四、来源……(145)
五、附论岭南刻纹技术的扩散……(148)
后记……(155)

插图目录

图一　扁钟……（20）
图二　东周时期扁钟……（21）
图三　钲……（23）
图四　錞于（一）……（25）
图五　錞于（二）……（26）
图六　錞于錾刻纹饰……（28）
图七　錞于模铸纹饰……（29）
图八　东周时期錞于……（31）
图九　圆壶……（33）
图一〇　圆壶刻纹组合……（35）
图一一　圆壶刻纹……（37）
图一二　圆壶模铸花纹与吉语……（38）
图一三　鍪……（40）
图一四　釜……（41）
图一五　洗……（42）
图一六　洗纹饰（一）……（46）
图一七　洗纹饰（二）……（47）
图一八　其他地区所出洗……（49）
图一九　盘……（50）
图二〇　鏂……（51）
图二一　鋗……（52）
图二二　壶形尊……（53）
图二三　鐎壶……（53）

插表目录

表一　境内窖藏发现一览表 ……………………………………………………(12)
表二　錞于纹样及其组合与器形对应一览表……………………………………(30)
表三　圆壶分类及其出土或馆藏地一览表 ……………………………………(33)
表四　圆壶刻纹一览表 ……………………………………………………………(34)
表五　圆壶模铸花纹与吉语一览表……………………………………………(38)
表六　洗器形分类一览表 ………………………………………………………(43)
表七　洗模铸花纹一览表 ………………………………………………………(43)
表八　洗模铸题铭一览表 ………………………………………………………(48)
表九　铜器类型与所处时代一览表……………………………………………(53)
表一〇　武陵境内所出铜洗鱼纹与朱提堂狼、蜀郡造对比……………………(59)
表一一　窖藏时代……………………………………………………………………(63)
表一二　战国中晚期的窖藏及其出土器物 ……………………………………(72)
表一三　战国晚期至西汉或东汉早期的窖藏及其出土器物……………………(72)
表一四　东汉中晚期的窖藏及其出土器物 ……………………………………(73)
表一五　东汉中晚期湘西和鄂西南窖藏出土器物 ……………………………(77)
表一六　渝东南窖藏和墓葬一览表 ……………………………………………(102)
表一七　黔东北窖藏和墓葬一览表 ……………………………………………(104)
表一八　澧水中上游窖藏和墓葬一览表 ………………………………………(105)
表一九　清江流域窖藏和墓葬一览表 …………………………………………(108)
表二〇　沅水中上游窖藏和墓葬一览表 ………………………………………(113)

第一章　窖藏发现概况

境内窖藏的发现均具有偶然性，或缘于农田耕作，或出于兴修水利和道路，尚无一例属考古正式发掘所见，因此相关的信息公布十分有限且零散，尤其窖藏的形制和尺寸等方面几乎阙如。

一、发　　现

所见按区域介绍如下[①]。

（一）湘　　西[②]

1. 龙山

洗车河镇洗车河，1961年出土1件錞于。

召市镇招头寨村，1964年出土1件錞于，盘面纹饰有鱼纹、简化船纹等。

民安街道红星村，1975年出土1件錞于，马纽。

洗车河镇齐心村，1978年出土1件扁钟和1件洗。

---

① 所出器物材质除了特别交代外，均为铜质。

② 以下材料，除了有特别注释外，均出自下列文献：国家文物局主编：《中国文物地图集·湖南分册》，湖南地图出版社，1997年，第238、376、385、387～390、393、394、398～401、405～410页；周明阜、吴晓玲、向元生、龙京沙编著：《凝固的文明》，青海人民出版社，2006年，第194～206页；湘西土家族苗族自治州文物工作队、博物馆编印：《湘西土家族苗族自治州文物志》，1981年内部印刷，第148～207页；《中国音乐文物大系》总编辑部：《中国音乐文物大系·湖南卷》，大象出版社，2006年，第118～149、156～181页；邓辉：《土家族区域的考古文化》，中央民族大学出版社，1999年，第187～190页。

龙头镇，1978年出土1件鉅。

红岩溪镇统西村青龙嘴，1985年出土3件圆壶。

红岩溪镇，1986年出土1件扁钟和1件圆壶；1988年出土1件圆壶。

里耶镇湾谭，1992年出土1件洗和1件圆壶。

农车镇花桥村，1997年出土1件錞于，其盘面模铸简化船纹和五铢钱纹。

2. 永顺

灵溪镇（原连洞乡）鲁纳村，1983年发现一窖藏，长2、宽2、深1.5米左右，底部为圆形，用树皮垫底。出土4件錞于、2件圆壶、1件钫。

灵溪镇泽子溪村，1986年出土1件盆。

芙蓉镇青龙阁，1991年出土1件錞于。

3. 保靖

迁陵镇西水鱼场，1974年出土1件扁钟。

迁陵镇四方城村，1974年出土1件扁钟。

迁陵镇大月坡社区龙马嘴，1974年出土4件圆壶，大小、形制相同，口径14、高36厘米，内装满五铢钱。

毛沟镇多乐村，1975年出土1件釜、8件鍪、1件盆、9件洗。其中3件洗在内底模铸双鱼纹，1件在内底模铸双鱼纹和“富贵宜王”铭文。

迁陵镇龚家湾村，1975年出土1件錞于，虎纽，纽座两侧饰鱼纹和虾纹。

清水坪镇大坝村，1976年出土1件扁钟、1件鐎壶、1件釜、2件洗。

毛沟镇白坪村，1976年出土1件錞于，其纽座前饰“万”字，两侧饰鱼纹和船纹。

毛沟镇，1977年出土1件錞于。

碗米坡镇上家村，1980年出土1件圆壶和1件洗。壶颈部錾刻树、鸟和水波纹（？），底部模铸“大吉”；洗内底装饰双鱼图案。

清水坪镇魏家村，1981年出土1件錞于。

4. 花垣

龙潭镇（原龙潭乡）大坪村，1964年出土14件洗，其中双鱼纹洗2件、单鱼纹洗1件，此外还有3件釜，均出土于大小约2米×2米的土坑中，大套小叠放，上盖一大洗。

花垣镇凉水井村，1974年出土4件鍪（釜）、3件盆、5件洗（其中1件有铭文和双鱼图案）、1件扁钟、1件钲、1件鏂、1件鐎壶。钲柄端有环纽，附近装饰鱼纹。

花垣镇，1979年出土1件錞于、5件洗。

花垣镇浮桥社区，1983年出土1件錞于、1件扁钟。

花垣镇长兴村杨家寨，1983年出土2件釜、4件洗。

龙潭镇金溶村，1987年出土2件鍪、2件釜、4件洗。

花垣镇浮桥社区，1988年出土錞于、钲各1件。

石栏镇，1992年出土2件盆、1件鐎斗、1件錞于。

吉卫镇排达村，1993年出土1件鏂、1件圆壶、2件洗。

大河坪乡，1993年出土12件铜器，具体器类和各自的数量不详。

花垣镇兴农园小区，2019年发现一批铜器，有10件洗、4件盆、2件鍪。洗的内底多模铸单鱼纹①。

5. 古丈

红石林镇河西村，1973年出土3件圆壶（其中1件有刻凤鸟和鱼纹）、1件洗（内底模铸双鱼纹）。窖藏位于河边的峭壁上，系长3、宽2、深1米左右的天然石槽。

古阳镇达沙村，1985年出土1件圆壶。

6. 吉首

河溪镇永固村，1962年出土2件洗。

镇溪街道吉新社区大田湾村，1973年出土1件鱼纹洗、1件圆壶和2件扁钟。

市区乾州纱厂，1975年出土1件盆、2件洗、1件圆壶。

马颈坳镇，1976年出土1件釜。

吉凤街道双合村，1981年出土4件錞于和1件圆壶②。

河溪镇岩排村后头溪，1983年出土8件铜器，其中有2件錞于、1件圆壶、2件洗、3件鍪③。

---

① 龙尧、杨贤清、彭博：《花垣出土16件窖藏汉代青铜器》，《团结报》2019年7月27日第1版。

② 林时九：《湘西吉首出土錞于》，《文物》1984年第11期。

③ 林时九：《湘西吉首出土东汉窖藏铜器》，湖南省博物馆、湖南省考古学会合编：《湖南考古辑刊》（第三集），岳麓书社，1986年，第264页。

镇溪街道石家冲社区漆树湾，1985年出土2件錞于，以及1件扁钟、1件鍪、1件洗[①]。

吉首市区振武营，1991年出土1件洗、1件鍪、1件盘、1件扁钟。

7. 凤凰

竿子坪镇牯牛坪村，1976年出土3件圆壶、2件钲和五铢钱；1985年出土1件錞于。

阿拉营镇西牛村，1987年出土1件釜、1件洗。釜高40厘米，内底模铸钱纹和“宜侯王”铭文。

千工坪镇岩六屯村，1990年出土錞于、扁钟、盆、釜各1件。

阿拉营镇黄合社区，1993年出土2件錞于、1件鸭嘴兽首壶（鐎壶？）。

8. 泸溪

潭溪镇，1955年出土6件洗。

潭溪镇大陂流村，1956年出土2件錞于、10件钲和6件扁钟。

潭溪镇小灵，1958年出土1件洗。

9. 靖州

渠阳镇春明村断桥，1979年出土1件錞于，其在《中国音乐文物大系·湖南卷》中公布有图片和数据[②]。

10. 安化

马路镇江溪村茶场，1979年出土2件圆壶、6件洗和1件錞于[③]。

---

① 宋谋年、刘长治：《吉首发现窖藏铜器》，《湖南文物》编辑室：《湖南文物》（第一辑），湖南大学出版社，1986年，第67页。

② 《中国音乐文物大系》总编辑部：《中国音乐文物大系·湖南卷》，大象出版社，2006年，第162页。

③ 熊传新：《湖南发现的古代巴人遗物》，文物编辑委员会：《文物资料丛刊》（7），文物出版社，1983年，第30～33页。

11. 石门

磨市镇俄公山，1976年出土1件錞于和1件圆壶[①]。

新关镇安东桥村熊家岗，1983年出土15件錞于、1件盆。錞于分4层放置，第1～3层各4件，第4层3件，头尾穿插，铜盆覆盖其上[②]。

易家渡镇太子坡村，1986年出土1件錞于。

雁池乡金盆村，1989年出土2件虎纽錞于[③]。

12. 慈利

赵家岗乡三合村蒋家坪，1978年出土錞于，数量不详。

零阳镇长见村化子坡，1979年出土1件錞于[④]。

13. 桃源

西安镇大池塘村，1975年出土7件圆壶、1件盘、1件鏂、1件扁钟、1件钫、11件洗[⑤]。

热市镇刘坪村，1983年出土1件圆壶和1件洗[⑥]。

夷望溪镇竹园村，1986年出土2件鏂、1件扁钟、4件洗、1件盘、1件鐎壶、4件圆壶[⑦]。

---

① 龙西斌、高中晓：《石门、慈利出土錞于简介》，湖南省博物馆、湖南省考古学会合编：《湖南考古辑刊》（第三集），岳麓书社，1986年，第261页。

② 龙西斌、高中晓：《石门、慈利出土錞于简介》，湖南省博物馆、湖南省考古学会合编：《湖南考古辑刊》（第三集），岳麓书社，1986年，第261页。

③ 龙西斌：《湖南石门出土窖藏青铜器錞于》，《文博》1992年第4期。

④ 龙西斌、高中晓：《石门、慈利出土錞于简介》，湖南省博物馆、湖南省考古学会合编：《湖南考古辑刊》（第三集），岳麓书社，1986年，第261页。

⑤ 高至喜：《湖南桃源大池塘东汉铜器》，《考古》1983年第7期。

⑥ 桃源县文化馆：《桃源县发现汉代铜器和晋代印章》，湖南省博物馆、湖南省考古学会合编：《湖南考古辑刊》（第三集），岳麓书社，1986年，第276页。

⑦ 王英党：《湖南桃源县出土一批东汉铜器》，《考古》1993年第7期。

14. 张家界（原大庸）

教字垭镇朝天山村熊家岗，1981年出土1件錞于，同出有硬陶罐，罐内有五铢、货泉等钱币[①]。

15. 沅陵

沅陵镇丁家庙村白寺，1984年出土1件錞于[②]。

（二）鄂　西　南[③]

1. 宜昌

土城乡三岔口村，1994年发现一窖藏。窖藏平面呈椭圆形，长1.7、宽1、深0.8米左右，出土一批铜器，有4件鍪、4件洗和錞于、钺、铫、盘各1件及大量钱币[④]。

2. 长阳

鸭子口乡千渔坪村，1964年出土錞于，数量不详。

榔坪镇榔坪村，1969年出土4件洗[⑤]。

贺家坪镇春潮六队，1971年出土1件錞于和1件钲[⑥]。

渔峡口镇回龙坳村，1972年出土扁钟，数量不详。

---

① 熊传新：《记湘西新发现的虎纽錞于》，《江汉考古》1983年第2期。

② 夏湘军：《湖南沅陵发现一件錞于》，《考古》1986年第8期。

③ 以下材料，除了有特别注释外，均出自下列文献：王晓宁：《湖北鄂西自治州博物馆藏青铜器》，《文物》1990年第3期；国家文物局主编：《中国文物地图集·湖北分册》，西安地图出版社，2002年，第521～555页；邓辉：《土家族区域的考古文化》，中央民族大学出版社，1999年，第180～184页；恩施土家族苗族自治州博物馆编：《恩施州博物馆精品文物之历史篇》，长江出版社，2019年，第21～69页；《中国音乐文物大系》总编辑部：《中国音乐文物大系·湖北卷》，大象出版社，1999年，第49～73、85～98页。

④ 卢德佩：《湖北宜昌县土城青铜器窖藏坑》，《考古》2002年第5期。

⑤ 张典维：《湖北长阳出土一批青铜器》，《考古》1986年第4期。

⑥ 王家德：《鄂西发现一批周代巴蜀青铜器》，《四川文物》1987年第1期；张典维：《湖北长阳出土一批青铜器》，《考古》1986年第4期。

都镇湾镇十五溪村青家坡，1980年出土1件釜[①]。

榔坪镇关口垭村，1982年出土1件鍪[②]。

榔坪镇渠安头村，1984年出土1件扁钟[③]。

榔坪镇杨林头，1985年出土錞于，数量不详。

磨市镇渔泉村，1986年出土錞于，数量不详。

城关三里店，1988年出土錞于，数量不详。

3. 咸丰

活龙坪乡缘化村断桥湾，1957年出土1件扁钟[④]。

黄金洞乡黄金洞村，1957年出土2件扁钟。

黄金洞乡黄金洞村岩窝，1970年出土2件扁钟。

坪坝营镇合丰，1974年出土1件洗和一批钱币。

高乐山镇白水坝村，1974年出土1件扁钟。

高乐山镇，1978年出土扁钟，数量不详。

朝阳寺镇水井朝村马鞍山，1978年出土1件扁钟[⑤]。

清坪镇南家沟村，1981年出土1件洗和1件釜。釜置于洗内。釜内底有“八百”铭文和一鹭、一鱼图案。洗的内底模铸双鱼纹和“富贵昌宜侯王”铭文。

曲江镇（原丁寨乡）春光村，1982年出土1件鍪。

坪坝营镇（原甲马池镇）墨池寺村，1990年出土1件錞于和1件洗。

4. 来凤

翔凤镇接龙桥村，1988年出土1件釜、1件洗。

翔凤镇红岩堡村，1990年出土1件扁钟。

翔凤镇沿山坝村，1990年出土2件洗。

翔凤镇东大坪村，1990年出土1件扁钟、1件洗。洗的内底有双鱼纹和“宜侯王”铭文。

另外，百福司镇河东村出土1件圆壶。

---

① 张典维：《湖北长阳出土一批青铜器》，《考古》1986年第4期。

② 张典维：《湖北长阳出土一批青铜器》，《考古》1986年第4期。

③ 王家德：《鄂西发现一批周代巴蜀青铜器》，《四川文物》1987年第1期。

④ 刘学良：《湖北省咸丰县文管所收藏的部分青铜器》，《文物》1995年第7期。

⑤ 刘学良：《湖北省咸丰县文管所收藏的部分青铜器》，《文物》1995年第7期。

5. 利川

忠路镇，1972年出土錞于，数量不详。

建南镇箭竹溪村，1976年出土1件洗，内底为双鱼纹和“宜侯王”。

谋道镇蚂蟥村，1979年出土1件扁钟。

谋道镇四合村，1979年出土1件扁钟。

建南镇箭竹溪村，1984年出土1件鍪。

凉雾乡花梨岭村，1984年出土1件虎纽錞于[①]。

建南镇，1984年出土1件釜；1986年出土1件虎纽錞于。

6. 建始

官店镇白沙村，1961年出土錞于，数量不详。

高坪镇望坪村，1966年出土1件虎纽錞于。

红岩寺镇河水坪村，1972年出土1件虎纽錞于。

业州镇（原猫坪区）罗家坝村，1975年出土钲和扁钟，其中扁钟有2件。

景阳镇革塘坝村，1977年出土1件双虎纽錞于和1件圆壶。壶口径8.2、高30.8厘米。

茅田乡阳坡村，1979年出土扁钟，数量不详。

长梁镇子母塘村，1982年出土1件扁钟。

高坪镇反洼坡，1983年出土錞于，数量不详[②]。

官店镇刘家垉村，1985年出土1件釜和1件水晶狮、108颗水晶串珠、8件水晶方形配饰、18件玉玦、1件玉环、8件银虎、5件银簪、4件银扣饰，共154件。

长梁镇盛竹坝，1986年出土1件扁钟。

景阳镇高燎村，1986年出土1件钲。

长梁镇三块碑村，1989年出土扁钟，数量不详。

城郊，20世纪70年代出土1件扁钟。

业州镇（原猫坪区）苏坪村出土扁钟，数量不详。

---

① 孙绘：《利川县出土一件虎钮錞于》，《江汉考古》1985年第3期。

② 邹待清：《建始发现一件桥形钮錞于》，《江汉考古》1987年第1期。

7. 巴东

沿渡河镇三岔村，1973年出土2件扁钟和钱币等。

清太坪镇白沙坪村，1974年出土1件虎纽錞于。

大支坪镇水谷坝村，1976年出土1件虎纽錞于。

大支坪镇野三河大桥上野三坝村，1976年出土1件虎纽錞于。

官渡口镇火峰村，1981年出土铜器21件，器类有圆壶、洗、钫、鍪、釜和扁钟，其中1件壶外底模铸“五铢”钱纹。

大支坪镇连三坡村，1990年出土6件扁钟、1件鍪，扁钟以3件为一组，分2组安放。

大支坪镇耀英坪村，出土1件扁钟，出土时间不详。

8. 恩施

新塘镇，1964年出土1件虎纽錞于。

屯堡乡大树村，1972年出土1件虎纽錞于。

屯堡乡杨家山村龙王塘，1974年出土1件扁钟。

白杨坪镇熊家岩村，1974年出土1件洗、1件扁钟。

小渡船街道大龙潭村，1975年出土1件洗，内底为“富贵昌宜侯王”铭文和双鱼图案。

恩施市，1976年出土洗，数量不详。

屯堡乡半云庵村，1980年出土1件钲[①]。

三岔镇石心河，1981年出土1件錞于，残。

小渡船街道大龙潭小村，1981年出土1件扁钟。

小渡船街道旗峰坝小村，1981年出土1件扁钟。

白杨坪镇麻竹园村，1982年出土1件扁钟。

白杨坪镇熊家岩村，1983年出土扁钟，数量不详。

① 恩施土家族苗族自治州博物馆编：《恩施州博物馆精品文物之历史篇》，长江出版社，2019年，第21～69页。

盛家坝乡大集村，1984年出土1件鍪。

白果乡金龙坝村，1989年出土2件扁钟、4件圆壶（可能包括了壶形尊）、1件鋗和壶形尊、洗等。2件圆壶颈部和肩部有刻纹，外底模铸“大吉”。

屯堡乡，1989年出土1件扁钟。

屯堡乡林家湾，1992年出土1件洗，内底为“宜侯王”和双鱼图案。

崔家坝镇向家湾，1993年出土1件虎纽錞于。

9. 鹤峰

城关鸡公洞，1983年出土1件虎纽錞于。

县城新华书店基建工地，1983年出土1件虎纽錞于。

中营镇姜家坡村，1986年出土1件扁钟。

10. 宣恩

椒园镇，1987年出土錞于，数量不详。

椒园镇三河沟村，1990年出土1件虎纽錞于。

11. 五峰

长乐坪镇洞口村，1978年出土1件扁钟。

长乐坪镇莲花岩村，1980年出土錞于，数量不详；1984年出土1件虎纽錞于。

12. 秭归

杨林桥镇下马台村，1986年出土4件錞于和1件釜①。

水田坝乡马营村，1986年出土錞于，数量不详。窖藏为石板砌筑。

---

① 余波：《湖北秭归下马台村发现巴蜀遗物》，长江流域规划办公室库区规划设计处编：《葛洲坝工程文物考古成果汇编》，武汉大学出版社，1990年，第222～224页。

（三）渝　东　南[①]

1. 彭水

郁山镇，1987年出土1件扁钟。

石堤镇，1988年出土1件扁钟。

黄家镇猴里村，1992年出土1件錞于、3件扁钟。

2. 黔江

冯家街道白泉村，1956年出土1件虎纽錞于。

舟白街道寨坡村，1981年出土1件钲。

石家镇高石村，1985年出土1件钲。

濯水镇张家村，1990年出土2件扁钟。

（四）黔　东　北[②]

1. 松桃

木树镇，1962年出土5件錞于、1件钲、1件扁钟[③]。

2. 铜仁

滑石乡，1982年出土1件虎纽錞于。

3. 施秉

黄磷厂职工宿舍基建工地，1992年出土2件扁钟。

① 除了特别注释外，均来自以下资料：《中国音乐文物大系》总编辑部：《中国音乐文物大系·四川卷》，大象出版社，1996年，第45～60、64～72页；邓辉：《土家族区域的考古文化》，中央民族大学出版社，1999年，第186页。

② 除了特别注明出处外，其他所出均引自张合荣：《夜郎青铜文明探微——贵州战国秦汉时期青铜器研究》，上海古籍出版社，2018年，第13页。

③ 贵州省博物馆考古组：《贵州省松桃出土的虎纽錞于》，《文物》1984年第8期。

4. 正安

杨兴镇上湾，1996年出土1件扁钟。

小雅镇，2001年出土1件虎纽錞于。

5. 务川

镇南镇马蹄塘，1987年出土2件洗、1件扁钟[①]。

此外，湖南博物院、湘西土家族苗族自治州（以下简称“湘西州”）博物馆、恩施土家族苗族自治州（以下简称“恩施州”）博物馆所藏部分铜器如錞于、扁钟、钲、洗、圆壶等也很可能来自境内窖藏。另外，《丹兴遗珍——重庆市黔江区第一次全国可移动文物普查成果专辑》[②]收录了1件錞于、2件鍪、2件圆壶、2件扁钟、2件洗，出土地点不明，很可能为窖藏所出。

二、特征分析

综上所述，各窖藏所出器物列表如下（表一）。

表一　境内窖藏发现一览表

区域	窖藏地点		所出器类/件
湘西	龙山	洗车河镇洗车河	錞于1
		召市镇招头寨村	錞于1
		民安街道红星村	錞于1
		洗车河镇齐心村	扁钟1、洗1
		龙头镇	鉦1
		红岩溪镇统西村青龙嘴	圆壶3
		红岩溪镇（1986年）	扁钟1、圆壶1
		红岩溪镇（1988年）	圆壶1
		里耶镇湾谭	洗1、圆壶1
		农车镇花桥村	錞于1

① 宋先世、程学忠：《略述贵州务川新出两汉铜器》，《考古与文物》1991年第2期。

② 重庆市黔江区文化委员会：《丹兴遗珍——重庆市黔江区第一次全国可移动文物普查成果专辑》，西南交通大学出版社，2018年，第84～90页。

续表

区域	窖藏地点		所出器类/件
湘西	永顺	灵溪镇鲁纳村	錞于4、圆壶2、钫1
		灵溪镇泽子溪村	盆1
		芙蓉镇青龙阁	錞于1
	保靖	迁陵镇西水鱼场	扁钟1
		迁陵镇四方城村	扁钟1
		迁陵镇大月坡社区龙马嘴	圆壶4、五铢
		毛沟镇多乐村	釜1、鍪8、盆1、洗9
		迁陵镇龚家湾村	錞于1
		清水坪镇大坝村	扁钟1、鐎壶1、洗2、釜1
		毛沟镇白坪村	錞于1
		毛沟镇	錞于1
		碗米坡镇上家村	圆壶1、洗1
		清水坪镇魏家村	錞于1
	花垣	龙潭镇大坪村	洗14、釜3
		花垣镇凉水井村	釜或鍪4、盆3、洗5、扁钟1、钲1、鏂1、鐎壶1
		花垣镇	錞于1、洗5
		花垣镇浮桥社区	錞于1、扁钟1
		花垣镇长兴村杨家寨	釜2、洗4
		龙潭镇金溶村	鍪2、釜2、洗4
		花垣镇浮桥社区	錞于1、钲1
		石栏镇	盆2、鐎斗1、錞于1
		吉卫镇排达村	鏂1、圆壶1、洗2
		大河坪乡	12件铜器
		花垣镇兴农园小区	洗10、盆4、鍪2
	古丈	红石林镇河西村	圆壶3、洗1
		古阳镇达沙村	圆壶1
	吉首	河溪镇永固村	洗2
		镇溪街道吉新社区大田湾村	洗1、圆壶1和扁钟2
		乾州纱厂	盆1、洗2、圆壶1
		马颈坳镇	釜1
		吉凤街道双合村	錞于4、圆壶1
		河溪镇岩排村后头溪	錞于2、圆壶1、洗2、鍪3
		镇溪街道石家冲社区漆树湾	錞于2、扁钟1、鍪1、洗1
		吉首市区振武营	洗1、鍪1、盘1、扁钟1

续表

区域	窖藏地点		所出器类/件
湘西	凤凰	竿子坪镇牯牛坪村（1976年）	圆壶3、钲2和五铢
		竿子坪镇牯牛坪村（1985年）	錞于1
		阿拉营镇西牛村	釜1、洗1
		千工坪镇岩六屯村	錞于1、扁钟1、盆1、釜1
		阿拉营镇黄合社区	錞于2、鸭嘴兽首壶（？）1
	泸溪	潭溪镇	洗6
		潭溪镇大陂流村	錞于2、钲10、扁钟6
		潭溪镇小灵	洗1
	靖州	渠阳春明村断桥	錞于1
	安化	马路镇江溪村茶场	圆壶2、洗6和錞于1
	石门	磨市镇俄公山	錞于1、圆壶1
		新关镇安乐桥村熊家岗	錞于15、盆1
		易家渡镇太子坡村	錞于1
		雁池乡金盆村	錞于2
	慈利	赵家岗乡三合村蒋家坪	錞于（数量不详）
		零阳镇长见村化子坡	錞于1
	桃源	西安镇大池塘村	圆壶7、盘1、鏂1、扁钟1、钫1、洗11
		热市镇刘坪村	圆壶1、洗1
		夷望溪镇竹园村	鏂2、扁钟1、洗4、盘1、鐎壶1、圆壶4
	张家界	教字垭镇朝天山村熊家岗	錞于1、硬陶罐、五铢、货泉
	沅陵	沅陵镇丁家庙村白寺	錞于1
鄂西南	宜昌	土城乡三岔口村	鍪4、洗4、錞于1、钺1、铫1、盘1、钱币
	长阳	鸭子口乡千渔坪村	錞于（数量不详）
		榔坪镇榔坪村	洗4
		贺家坪镇春潮六队	錞于1、钲1
		渔峡口镇回龙坳村	扁钟（数量不详）
		都镇湾镇十五溪村青家坡	釜1
		榔坪镇关口垭村	鍪1
		榔坪镇渠安头村	扁钟1
		榔坪镇杨林头	錞于（数量不详）
		磨市镇渔泉村	錞于（数量不详）
		城关三里店	錞于（数量不详）

续表

区域	窖藏地点		所出器类/件
鄂西南	咸丰	活龙坪乡缘化村断桥湾	扁钟1
		黄金洞乡黄金洞村	扁钟2
		黄金洞乡黄金洞村岩窝	扁钟2
		坪坝营镇合丰	洗1、钱币
		高乐山镇白水坝村	扁钟1
		高乐山镇	扁钟（数量不详）
		朝阳寺镇水井朝村马鞍山	扁钟1
		清坪镇南家沟村	洗1、釜1
		曲江镇春光村	鍪1
		坪坝营镇墨池寺村	錞于1、洗1
	来凤	翔凤镇接龙桥村	釜1、洗1
		翔凤镇红岩堡村	扁钟1
		翔凤镇沿山坝村	洗2
		翔凤镇东大坪村	扁钟1、洗1
		百福司镇河东村	圆壶1
	利川	忠路镇	錞于（数量不详）
		建南镇箭竹溪村（1976年）	洗1
		谋道镇蚂蟥村	扁钟1
		谋道镇四合村	扁钟1
		建南镇箭竹溪村（1984年）	鍪1
		凉雾乡花梨岭村	錞于1
		建南镇（1984年）	釜1
		建南镇（1986年）	錞于1
	建始	官店镇白沙村	錞于（数量不详）
		高坪镇望坪村	錞于1
		红岩寺镇河水坪村	錞于1
		业州镇罗家坝村	扁钟2、钲（数量不详）
		景阳镇革塘坝村	錞于1、圆壶1
		茅田乡阳坡村	扁钟（数量不详）
		长梁镇子母塘村	扁钟1
		高坪镇反洼坡	錞于（数量不详）

续表

区域	窖藏地点		所出器类/件
鄂西南	建始	官店镇刘家坨村	釜1、水晶等器类共154件
		长梁镇盛竹坝	扁钟1
		景阳镇高燎村	钲1
		长梁镇三块碑村	扁钟（数量不详）
		城郊	扁钟1
		苏坪村	扁钟（数量不详）
	巴东	沿渡河镇三岔村	扁钟2、钱币
		清太坪镇白沙坪村	錞于1
		大支坪镇水谷坝村	錞于1
		大支坪镇野三河大桥上野三坝村	錞于1
		官渡口镇火峰村	圆壶、洗、钫、鍪、釜、扁钟，21件
		大支坪镇连三坡村	扁钟6、鍪1
		大支坪镇耀英坪村	扁钟1
	恩施	新塘镇	錞于1
		屯堡乡大树村	錞于1
		屯堡乡杨家山村龙王塘	扁钟1
		白杨坪镇熊家岩村	洗1、扁钟1
		小渡船街道大龙潭村	洗1
		恩施市	洗（数量不详）
		屯堡乡半云庵村	钲1
		三岔镇石心河	錞于1
		小渡船街道大龙潭小村	扁钟1
		小渡船街道旗峰坝小村	扁钟1
		白杨坪镇麻竹园村	扁钟1
		白杨坪镇熊家岩村	扁钟（数量不详）
		盛家坝乡大集村	鍪1
		白果乡金龙坝村	扁钟2、洗（数量不详）、圆壶4、鋗1、壶形尊1
		屯堡乡	扁钟1
		屯堡乡林家湾	洗1
		崔家坝镇向家湾	錞于1
	鹤峰	城关鸡公洞	錞于1
		县城新华书店基建工地	錞于1
		中营镇姜家坡村	扁钟1

续表

区域	窖藏地点		所出器类/件
鄂西南	宣恩	椒园镇	錞于（数量不详）
		椒园镇三河沟村	錞于1
	五峰	长乐坪镇洞口村	扁钟1
		长乐坪镇莲花岩村（1980年）	錞于（数量不详）
		长乐坪镇莲花岩村（1984年）	錞于1
	秭归	杨林桥镇下马台村	錞于4、釜1
		水田坝乡马营村	錞于（数量不详）
渝东南	彭水	郁山镇	扁钟1
		石堤镇	扁钟1
		黄家镇猴里村	錞于1、扁钟3
	黔江	冯家街道白泉村	錞于1
		舟白街道寨坡村	钲1
		石家镇高石村	钲1
		濯水镇张家村	扁钟2
黔东北	松桃	木树镇	錞于5、钲1、扁钟1
	铜仁	滑石乡	錞于1
	施秉	黄磷厂职工宿舍基建工地	扁钟2
	正安	杨兴镇上湾	扁钟1
		小雅镇	錞于1
	务川	镇南镇马蹄塘	洗2、扁钟1

注：部分窖藏出土器物为湘西州、恩施州等地博物馆征集，暂未列入表中

通过表一，可发现如下现象。

1. 窖藏的分布存在地区差异

主要集中在湘西和鄂西南两地，渝东南、黔东北零星发现。

2. 铜器的功能和规模差异较大

出土的器类可划分为响（乐）器和日用生活器，各主要器类的规模各异。具体有扁钟，55处；錞于，66处；钲，11处；釜，14处；圆壶，24处；洗，42处；鍪，14处。剩余器类均零星出现。

3. 组合存在较大差异，且规模不同

根据器类的用途可划分三大类：

甲类：纯响（乐）器组合；如錞于、钲、扁钟。

乙类：纯日用生活器组合；如釜、鍪、洗、圆壶、钱币之类。

丙类：响（乐）器+日用生活器组合；如錞于和洗等。

各组合类别的规模如下。

（1）甲类：纯响（乐）器组合

发现88处，可细分以下几小类：

甲1类。钲，4处。

甲2类。扁钟，33处。

甲3类。錞于，44处。

甲4类。混合型，7处。具体组合如下：

A. 扁钟+錞于+钲，2处。

B. 扁钟+錞于，2处。

C. 扁钟+钲，1处。

D. 錞于+钲，2处。

（2）乙类：纯日用生活器组合

有洗、圆壶、釜、鍪等，多混合出土。发现39处。

（3）丙类：响（乐）器+日用生活器组合

32处。根据响（乐）器的差异分以下五小类。

丙1类：扁钟+日用生活器，14处。

丙2类：錞于+日用生活器，14处。

丙3类：錞于+扁钟+日用生活器，2处。

丙4类：钲+日用生活器，1处。

丙5类：扁钟+钲+日用生活器，1处。

归纳起来，窖藏铜器的组合主要为：甲3类（錞于，44处）、甲2类（扁钟，33处）、乙类（纯日用生活器，39处），其次为丙1类（扁钟+日用生活器14处）、丙2类（錞于+日用生活器，14处），其他剩余组合不多。

第二章　出土器物的文化特征及其来源与构成

根据上文，可知窖藏铜器的器类主要有圆壶、錞于、钲、洗、扁钟、鍪、釜、盘、鏂、壶形尊、盘之类，下面便就其文化特征展开分析。

为行文方便，所引地名统一简化，仅保留县+村（社区），或更小的地点，不复出现乡镇，若仅有县或乡镇的则予以保留。需要说明的是，下文所引部分资料来自图录或博物馆藏品，其并不完全出现在第一章的窖藏发现之中。

一、文化特征

各器类的文化特征分析如下。

（一）扁　　钟

均有甬部，根据其结构和长短的差异分以下几类。

甲类：有箍。

甬部长度与舞修的比例接近。

务川马蹄塘、黔江张家、彭水猴里、咸丰水井朝马鞍山（图一，1）、利川四合（图一，2）、咸丰白水坝、桃源竹园（图一，3）、桃源大池塘、泸溪大陂流、吉首石家冲漆树湾、吉首大田湾等出土（图一，4）。

乙类：无箍。

根据甬部长度与舞修的比例变化分二式。

Ⅰ式：两者接近。

保靖大坝（图一，5）、花垣凉水井（图一，6）、吉首大田湾（图一，7）等出土。

图一　扁钟

1～4. 甲类（咸丰水井朝马鞍山、利川四合、桃源竹园、吉首大田湾）　5～7. 乙类Ⅰ式（保靖大坝、花垣凉水井、吉首大田湾）　8～13. 乙类Ⅱ式（恩施大龙潭、建始罗家坝、建始罗家坝、建始城郊、恩施州博物馆藏、咸丰缘化断桥湾）

Ⅱ式：甬短，与舞修的比例在2∶3或以下。

恩施大龙潭（图一，8）、建始罗家坝（图一，9、10）、建始城郊（图一，11）、恩施州博物馆（图一，12）、咸丰缘化断桥湾（图一，13）、长阳回龙坳、长阳渠安头、来凤东大坪、利川蚂蟥、建始阳坡、建始子母塘、建始盛竹坝、建始三块碑、建始苏坪、巴东三岔、巴东火峰、巴东连三坡、巴东耀英坪、恩施麻竹园、恩施熊家岩、恩施金龙坝、鹤峰姜家坡、五峰洞口等出土或收藏。

甲类在秭归天灯堡楚墓[①]中有发现（图二，1），部分在务川马蹄塘、桃源竹园、桃源大池塘、吉首漆树湾窖藏中与东汉中晚期的圆壶、洗等同出。

乙类Ⅰ式在涪陵小田溪M12[②]（图二，2）、涪陵小田溪M2[③]、溆浦大江口[④]（图二，3）等战国墓葬中均有出土。其在汉代均与东汉中晚期的洗、圆壶共出，

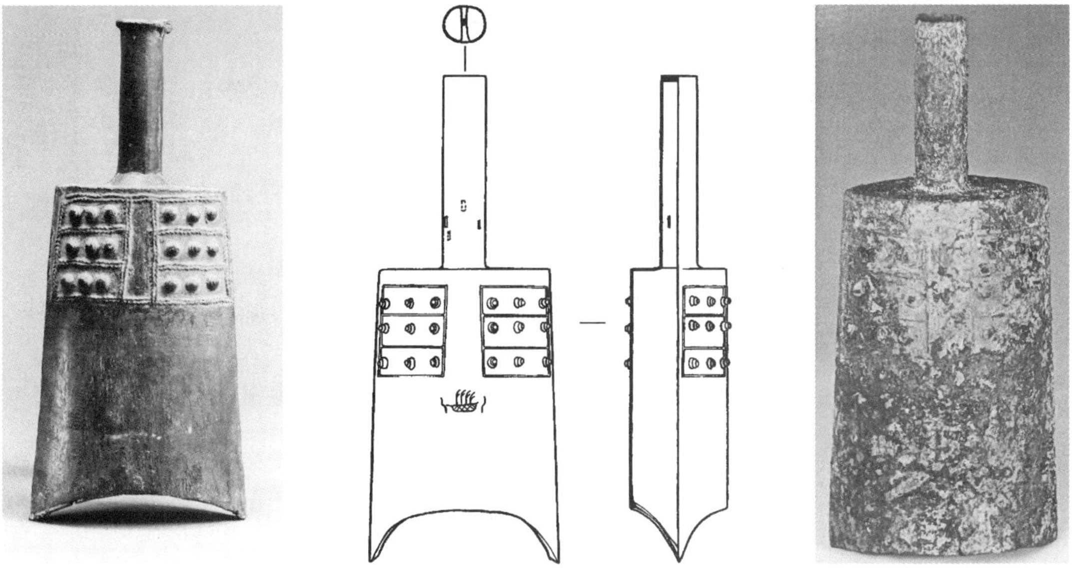

1　2　3

图二　东周时期扁钟

1. 秭归天灯堡楚墓　2. 涪陵小田溪M12　3. 溆浦大江口

① 《中国音乐文物大系》总编辑部：《中国音乐文物大系·湖北卷》，大象出版社，1999年，第50、51页。

② 重庆市文化遗产研究院、重庆市涪陵区博物馆、重庆市文物局：《重庆涪陵小田溪墓群M12发掘简报》，《文物》2016年第9期。

③ 四川省博物馆、重庆市博物馆、涪陵县博物馆：《四川涪陵地区小田溪战国土坑墓清理简报》，《文物》1974年第5期。

④ 湖南省博物馆：《溆浦大江口镇战国巴人墓》，湖南省博物馆编：《湖南考古辑刊》（第一集），岳麓书社，1982年，第37、38页。

如保靖大坝、花垣凉水井、吉首大田湾窖藏所出。部分Ⅱ式如来凤东大坪、巴东火峰、巴东连三坡、恩施金龙坝所出亦与壶、洗共出。

可见，甲类出现的时代很早，大致属战国中晚期，西汉至东汉早期可能继续制作和使用，至于其在东汉中晚期的出现，疑与沿用有关。乙类Ⅰ式与甲类相同，出现的时代在战国中晚期，生产和使用至东汉早期，东汉中晚期所出可能为沿用，Ⅱ式属东汉中晚期。

（二）钲

根据甬部的形态差异分三类。

甲类：甬部有箍，顶端形成圆形首，柄部有棱。

恩施半云庵（图三，1）、黔江寨坡、黔江高石、泸溪大陂流等出土。

此类钲多见于东周时期墓葬中，如涪陵小田溪M12[①]（图三，2）、涪陵小田溪M2[②]、溆浦大江口[③]（图三，3）、荆门包山M2[④]、慈利石板村M36[⑤]（图三，4）均有出土，墓葬时代为战国中晚期。

乙类：甬部有箍，顶端有环。

花垣凉水井（图三，5）、凤凰牯牛坪（图三，6）等出土。

类似器在襄城县盛庄村出土1件[⑥]（图三，7），甬部有两道箍，半环耳在甬部，铭刻“天凤四年造”，可知属新莽阶段。

丙类：甬部无箍，顶端为圆环。

---

① 重庆市文化遗产研究院、重庆市涪陵区博物馆、重庆市文物局：《重庆涪陵小田溪墓群M12发掘简报》，《文物》2016年第9期。

② 四川省博物馆、重庆市博物馆、涪陵县博物馆：《四川涪陵地区小田溪战国土坑墓清理简报》，《文物》1974年第5期。

③ 湖南省博物馆：《溆浦大江口镇战国巴人墓》，湖南省博物馆编：《湖南考古辑刊》（第一集），岳麓书社，1982年，第37、38页。

④ 湖北省荆沙铁路考古队包山墓地整理小组：《荆门市包山楚墓发掘简报》，《文物》1988年第5期。

⑤ 湖南省文物考古研究所、慈利县文物保护管理研究所：《湖南慈利石板村36号战国墓发掘简报》，《文物》1990年第10期。

⑥ 襄城县文化馆：《襄城县出土新莽天凤四年铜征》，《中原文物》1981年第2期。

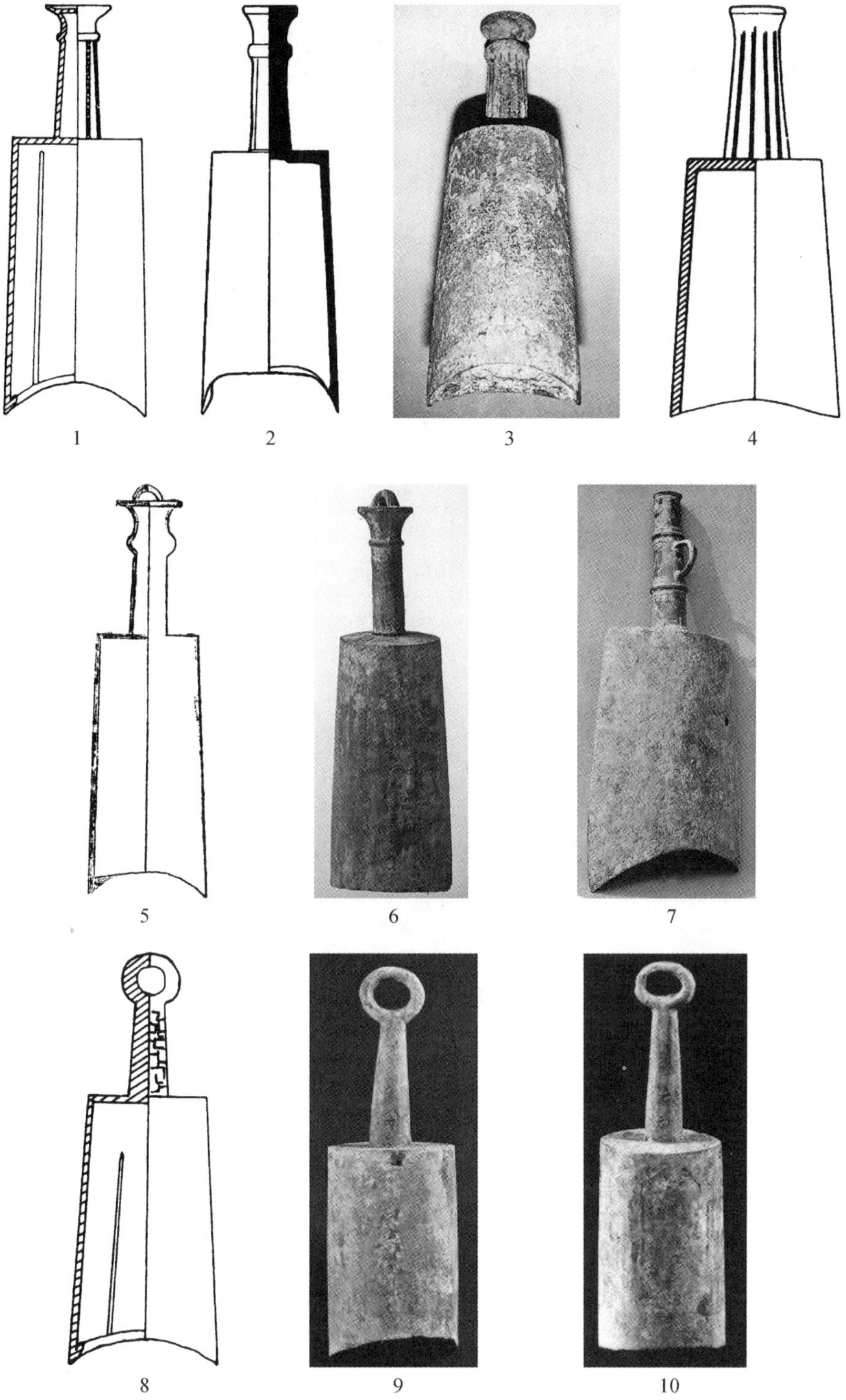

图三　钲

1～4. 甲类（恩施半云庵、涪陵小田溪M12、溆浦大江口、慈利石板村M36）　5～7. 乙类（花垣凉水井、凤凰牯牛坪、襄城县盛庄村）　8～10. 丙类（建始罗家坝、荆门包山M2、荆州砖瓦厂）

建始罗家坝出土（图三，8）。此类铜钲多见于东周时期，如荆门包山M2[①]（图三，9）、荆州砖瓦厂[②]（图三，10）等，时代大致属战国中晚期。

（三）錞　　于

盘口或敞口，不少盘面装饰图案。

1. 形制类别

根据纽的不同分以下几类。

甲类：圜纽。

盘口，有粗短颈，肩部圆鼓。

泸溪大陂流（图四，1）、靖州断桥（图四，2）、建始反洼坡（图四，3）等出土。

乙类：虎纽。

根据口和肩部的变化分三式。

Ⅰ式：盘口，有短颈，肩部较圆鼓。

保靖白坪（图四，4）、慈利蒋家坪（图四，5）、石门太子坡（图四，6）、松桃木树镇（图四，7）等出土。

Ⅱ式：肩部扁鼓。

巴东野三坝（图四，8）、建始革塘坝（图四，9）、巴东白沙坪（图四，10）、松桃木树镇（图四，11）、利川花梨岭、建始河水坪、凤凰岩六屯、凤凰黄合、石门金盆、张家界熊家岗、长阳千渔坪、长阳春潮六队、长阳杨林头、长阳三里店、利川忠路镇等出土。

Ⅲ式：敞口，颈部不明显。

恩施新塘（图五，1）、咸丰墨池寺（图五，2）、吉首双合（图五，3、4）、吉首后头溪（图五，5、6）、宜昌三岔口（图五，7）、石门俄公山（图五，8）、

① 湖北省荆沙铁路考古队包山墓地整理小组：《荆门市包山楚墓发掘简报》，《文物》1988年第5期。

② 《中国音乐文物大系》总编辑部：《中国音乐文物大系·湖北卷》，大象出版社，1999年，第72页。

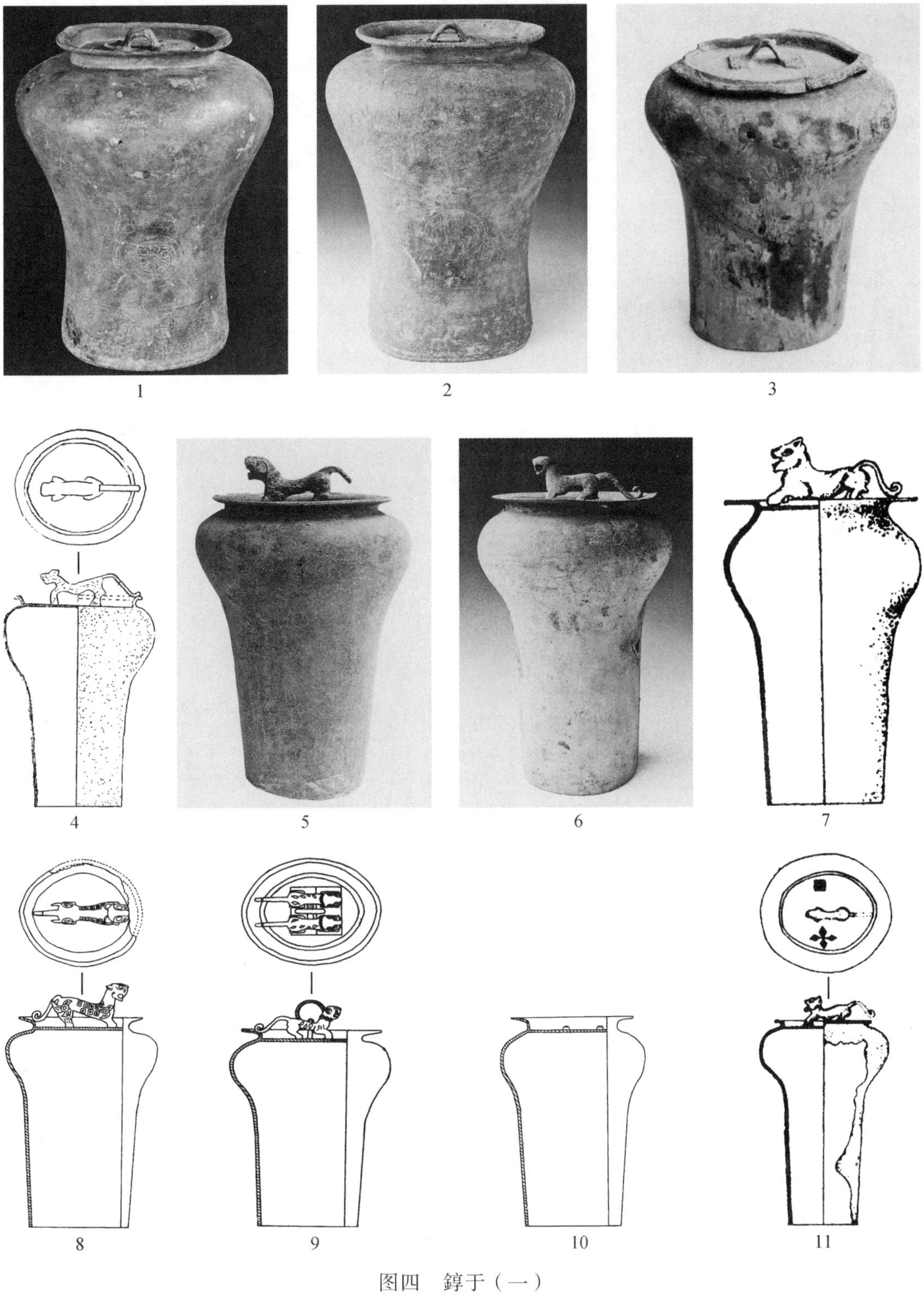

图四　錞于（一）

1～3. 甲类（泸溪大陂流、靖州断桥、建始反洼坡）　4～7. 乙类Ⅰ式（保靖白坪、慈利蒋家坪、石门太子坡、松桃木树镇）　8～11. 乙类Ⅱ式（巴东野三坝、建始革塘坝、巴东白沙坪、松桃木树镇）

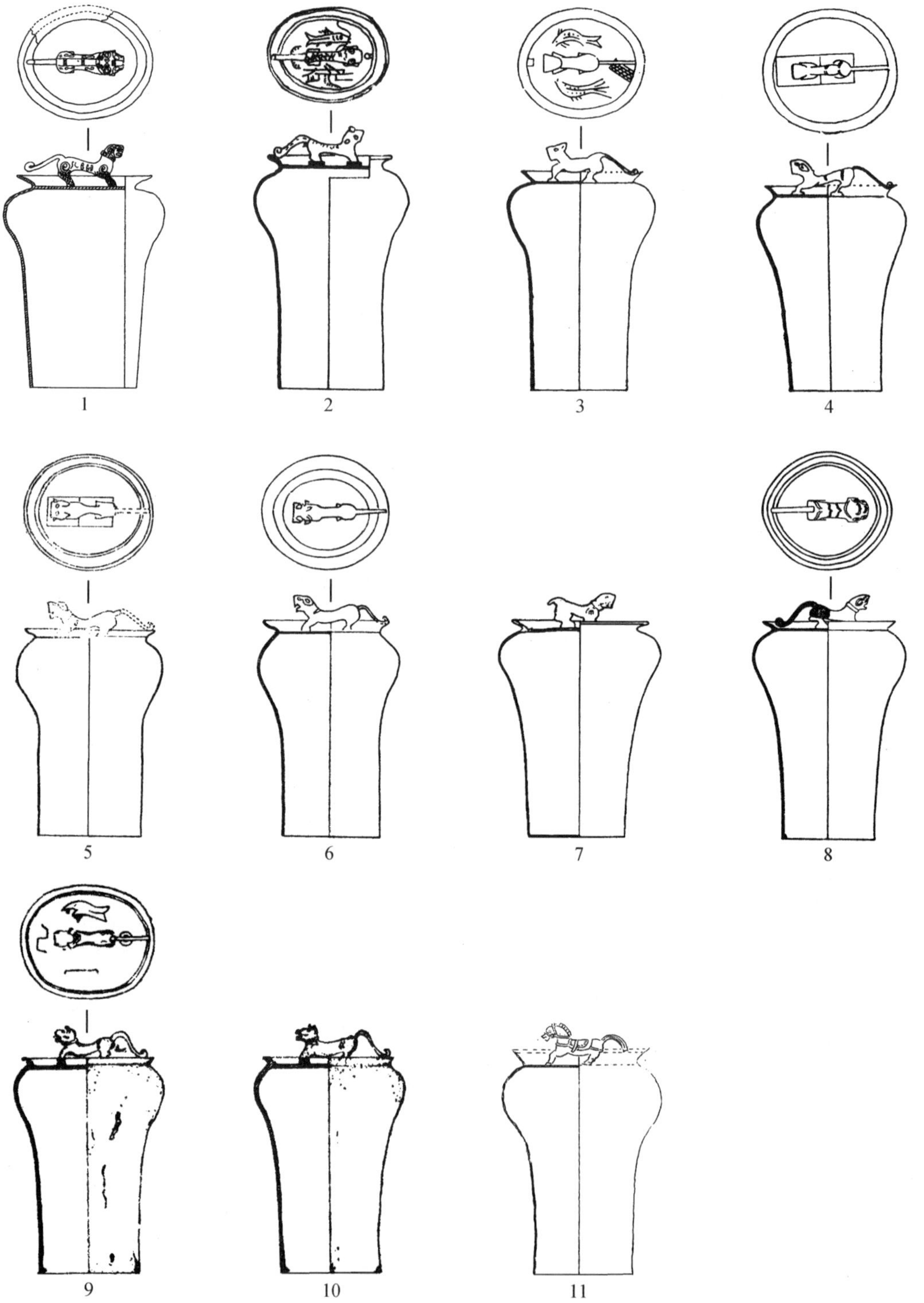

图五　錞于（二）

1～10. 乙类Ⅲ式（恩施新塘、咸丰墨池寺、吉首双合、吉首双合、吉首后头溪、吉首后头溪、宜昌三岔口、石门俄公山、松桃木树镇、松桃木树镇）　11. 丙类（龙山红星）

松桃木树镇（图五，9、10）、恩施向家湾、鹤峰城关鸡公洞、宣恩三河沟、正安小雅镇、巴东水谷坝、秭归下马台、秭归马营、龙山招头寨、龙山花桥、保靖龚家湾、吉首漆树湾、安化江溪茶场、石门熊家岗、慈利化子坡等出土。

丙类：马纽。

敞口，龙山红星出土（图五，11）。

2. 盘面装饰

根据纹饰的技法差异分錾刻和模铸两类。

甲类：錾刻。

组合构成基本接近，有船（有建鼓）、鱼、人面等。例如，张家界熊家岗（图六，1）、凤凰岩六屯（图六，2）、利川忠路（图六，3）出土。

具体纹样题材如下。

（1）船

A类：船上设施复杂，如张家界熊家岗、凤凰岩六屯所出（图六，4、5）。

B类：设施略简化，如利川忠路所出（图六，6）。

（2）人面纹

基本接近，头上有一髻，如凤凰岩六屯、利川忠路、张家界熊家岗所出（图六，7～9）。

（3）鱼纹

鱼的器身基本对称，但鱼鳞的表达方式不同。

A类：鱼鳞为卷云纹，如张家界熊家岗、凤凰岩六屯所出（图六，10、11）。

B类：鱼鳞用斜线表示，如利川忠路所出（图六，12）。

（4）其他不知名的纹饰

如手心纹、梭形器之类，如凤凰岩六屯所出（图六，13、14）。

乙类：模铸。

图案题材组合大致有鱼纹和钱纹；鱼、船纹；鱼纹。其他组合不多。咸丰墨池寺（图七，1）、秭归马营（图七，2）、石门俄公山（图七，3）、吉首双合（图七，4）、松桃木树镇（图七，5、6）、龙山招头寨（图七，7）、保靖龚家湾（图七，8）、黔江大路（图七，9）等地出土。

具体纹饰如下。

（1）菱形柿蒂纹

松桃木树镇出土（图七，5）。

图六　錞于錾刻纹饰

1～3. 刻纹组合（张家界熊家岗、凤凰岩六屯、利川忠路）　4、5. 船纹A类（张家界熊家岗、凤凰岩六屯）　6. 船纹B类（利川忠路）　7～9. 人面纹（凤凰岩六屯、利川忠路、张家界熊家岗）　10、11. 鱼纹A类（张家界熊家岗、凤凰岩六屯）　12. 鱼纹B类（利川忠路）　13. 梭形器（凤凰岩六屯）　14. 手心纹（凤凰岩六屯）

（2）船

其形态也多样，可分以下五小类。

A类：有篷、桨和帆，如秭归马营所出（图七，10）。

B类：有摇橹和篷，如石门俄公山所出（图七，11）。

C类：有桨和帆，如咸丰墨池寺所出（图七，12）。

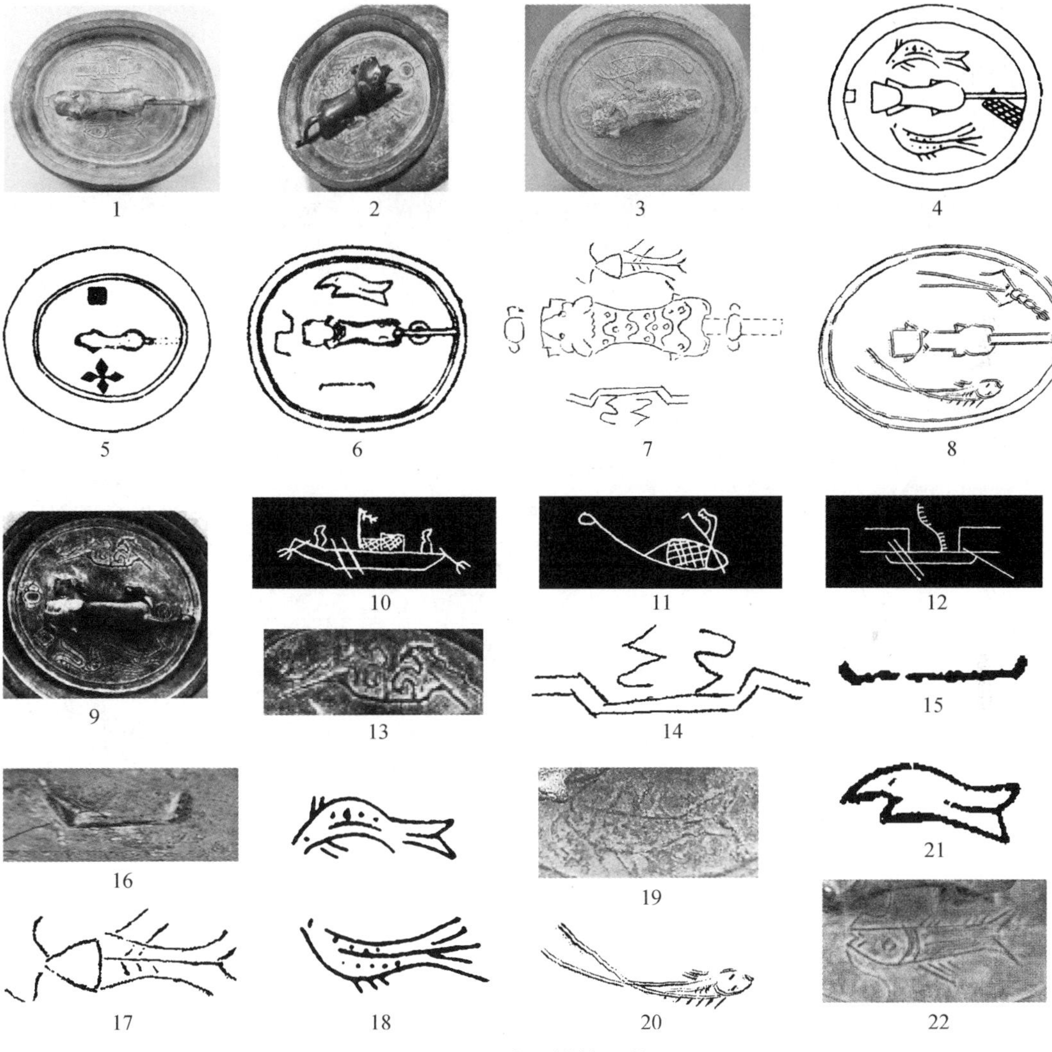

图七　錞于模铸纹饰

1～9. 模铸纹饰组合（咸丰墨池寺、秭归马营、石门俄公山、吉首双合、松桃木树镇、松桃木树镇、龙山招头寨、保靖龚家湾、黔江大路）　10. 船纹A类（秭归马营）　11. 船纹B类（石门俄公山）　12. 船纹C类（咸丰墨池寺）　13、14. 船纹D类（黔江大路、龙山招头寨）　15、16. 船纹E类（松桃木树镇、龙山花桥）　17. 鱼纹A类（龙山招头寨）　18～20. 鱼纹Ba类（吉首双合、石门俄公山、保靖龚家湾）　21. 鱼纹Bb类（松桃木树镇）　22. 鱼纹C类（咸丰墨池寺）

D类：篷、桨不见，如黔江大路、龙山招头寨所出（图七，13、14）。

E类：船简化为符号，如松桃木树镇、龙山花桥所出（图七，15、16）。

（3）鱼纹

其形态更加多样。

A类：对称形，如龙山招头寨所出（图七，17）。

B类：鱼背隆起、腹内弧。

根据鱼的肥瘦分两小类。

Ba类：鱼瘦，如吉首双合、石门俄公山、保靖龚家湾所出（图七，18～20）。

Bb类：鱼肥，如松桃木树镇所出（图七，21）。

C类：鱼背略隆起、腹直，如咸丰墨池寺所出（图七，22）。

（4）钱纹

可辨识的有五铢，见石门俄公山所出。

（5）其他纹饰

类似耳杯、龙、虾、圈足盘的纹饰等，如龙山招头寨、保靖龚家湾所出。

3. 时代推断

装饰、纹样与器形之间存在紧密关系，可列表进行观察，如下（表二）。

表二　錞于纹样及其组合与器形对应一览表

装饰	纹样及其组合								器形
	组合	船	鱼	人面	钱币	龙纹	其他纹饰	菱形纹	
錾刻	第一类	A	A	●			手心纹、梭形器		乙Ⅱ
	第二类	B	B	●					乙Ⅱ
模铸	第三类	D	A				类似耳杯		乙Ⅲ
	第四类	E			●				乙Ⅲ
	第五类		Ba				虾		乙Ⅲ
	第六类	B	A		●				乙Ⅲ
	第七类	C	C				类似圈足盘		乙Ⅲ
	第八类	A	Ba				类似圈足盘		乙Ⅲ
	第九类	C				●	类似耳杯		乙Ⅲ
	第十类							●	乙Ⅱ
	第十一类	E	Bb		●				乙Ⅲ

不难看出，錾刻与模铸不仅纹饰存在差异，纹饰组合方面也迥异，而器形除了个别外，基本也不同。据此推断，不同型别之间存在明显的时代差异。

鉴于部分器形在墓葬中有发现，可资对比。

涪陵小田溪M2①、M12②均有出土，器形属乙Ⅱ。其中M12所出錾刻纹饰与表二第一类相同（图八，1～3）。

溆浦大江口战国晚期墓出土1例③（图八，4），器形与乙Ⅰ式相同。

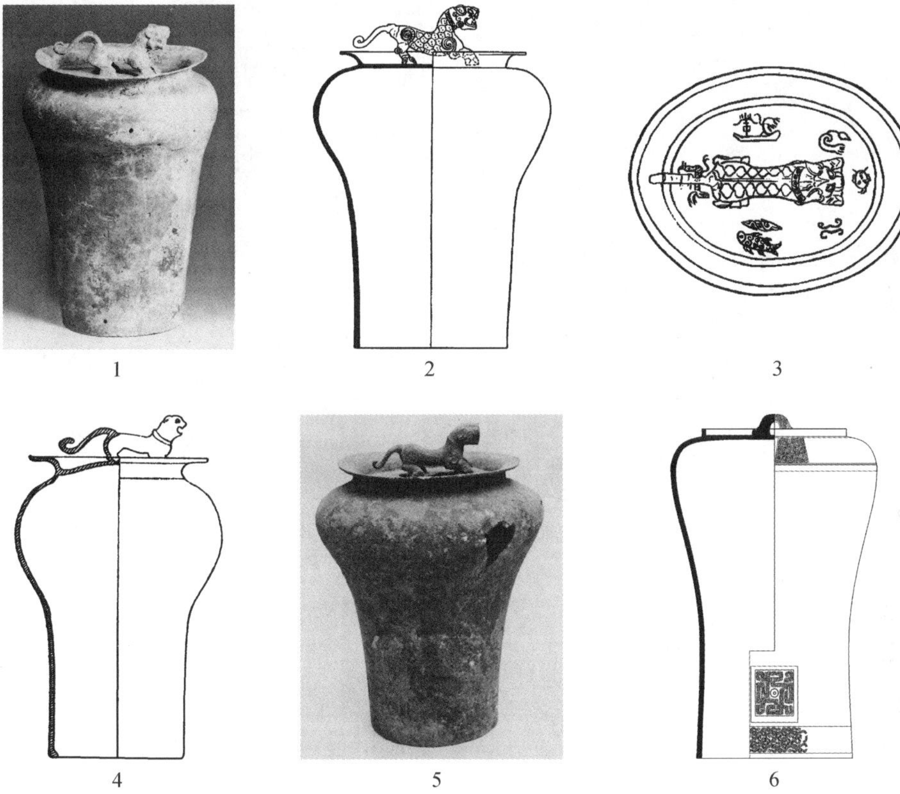

图八　东周时期錞于

1. 涪陵小田溪M2　2、3. 涪陵小田溪M12　4. 溆浦大江口战国晚期墓　5. 秭归天灯堡战国晚期墓　6. 盱眙大云山M1

① 四川省博物馆、重庆市博物馆、涪陵县博物馆：《四川涪陵地区小田溪战国土坑墓清理简报》，《文物》1974年第5期。

② 重庆市文化遗产研究院、重庆市涪陵区博物馆、重庆市文物局：《重庆涪陵小田溪墓群M12发掘简报》，《文物》2016年第9期。

③ 湖南省博物馆：《溆浦大江口镇战国巴人墓》，湖南省博物馆编：《湖南考古辑刊》（第一集），岳麓书社，1982年，第37、38页。

秭归天灯堡战国晚期墓[1]出土（图八，5），器形与乙Ⅱ式一致。

盱眙大云山M1出土（图八，6），据研究属战国中晚期[2]，器形与甲类接近。

因此，根据上述墓葬所出推断甲类錞于的时代可能在战国中晚期；乙Ⅰ式、乙Ⅱ式出现时代在战国晚期，部分或西汉时期延续制作。

乙Ⅲ式所出均来自窖藏，不少同出东汉中晚期的铜壶、洗和釜。部分纹样在东汉中晚期的铜洗、铜壶上也有出现，如背部隆起的鱼纹、钱币纹。因此，可推断时代在东汉中晚期。

丙类，马纽为其他地区罕见。器形与乙Ⅲ式相同，推断时代亦在东汉中晚期。

（四）圆　　壶

上述窖藏所出圆壶有24处，公开发表的有10余件。

1. 器形

器形大体接近，特征为盘口、细长颈、扁鼓腹，圈足为喇叭形且呈上、下两级台阶状。部分圈足为八棱形。

根据颈部环耳的有无分两类。

甲类：有环耳。

如桃源竹园所出、慈利博物馆所藏（图九，1、2）。

乙类：无环耳。

如吉首后头溪、巴东火峰、建始景阳等所出（图九，3～5）。

目前所见圆壶分类如下表所示（表三）。

2. 装饰

根据装饰手法可划分两类。

（1）第一类：细线錾刻。

所出如下表所示（表四）。

---

① 《中国音乐文物大系》总编辑部：《中国音乐文物大系·湖北卷》，大象出版社，1999年，第90页。

② 曹锦炎、李则斌：《江苏盱眙西汉江都王墓出土越国鸟虫书錞于》，《文物》2016年第11期。

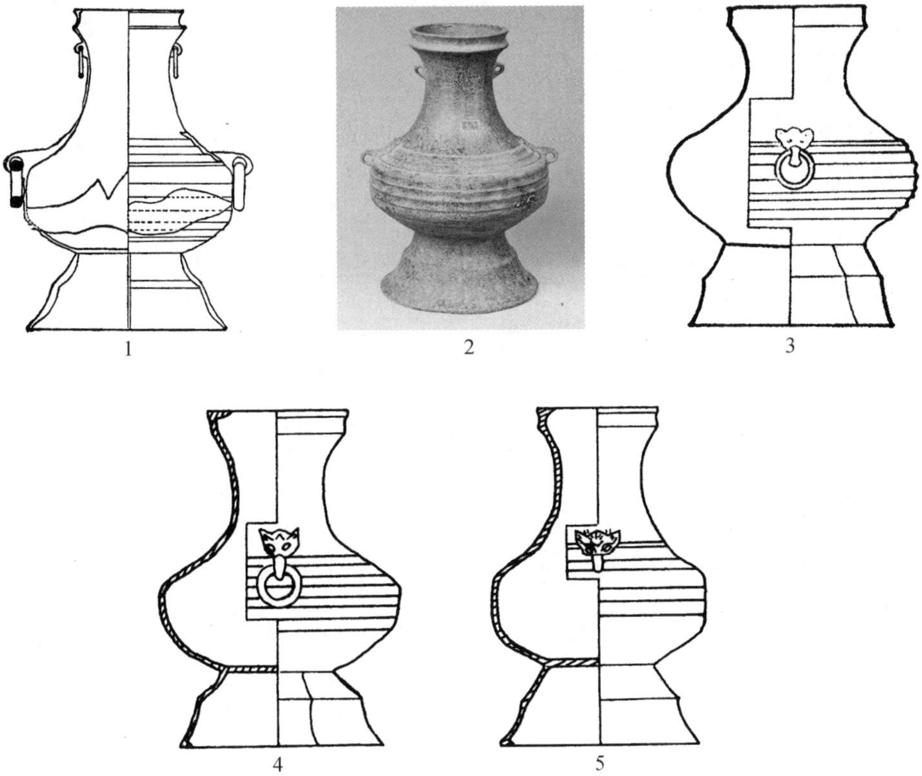

图九　圆壶

1、2. 甲类（桃源竹园、慈利博物馆藏）　3～5. 乙类（吉首后头溪、巴东火峰、建始景阳）

表三　圆壶分类及其出土或馆藏地一览表

类别	出土或馆藏地
甲类	桃源竹园
	慈利博物馆
乙类	恩施金龙坝（2件）
	建始景阳
	恩施征集
	吉首大田湾
	吉首双合
	吉首后头溪
	桃源刘坪
	湘西州博物馆藏（11件）
	黔江邻鄂乡
	黔江正阳乡
	古丈河西
	安化江溪村茶场（2件）

续表

类别	出土或馆藏地
乙类	桃源大池塘（7件）
	桃源竹园（3件）
	石门俄公山
	巴东火峰
	来凤民族博物馆藏
	湖南博物院藏
	重庆市涪陵区博物馆藏
	保靖上家

表四　圆壶刻纹一览表

出土	布局和纹样	图示
桃源刘坪	圈足上錾刻凤鸟和鱼	图一〇，3
湘西州博物馆藏	颈部有凤鸟和鱼，肩部刻三角锯齿	图一〇，6
	口沿下刻三角锯齿、肩部刻三角锯齿	图一〇，7
恩施金龙坝	肩部刻一周三角锯齿	图一〇，4
	颈部刻凤鸟和鱼，肩部为一周三角锯齿	图一〇，5
黔江邻鄂乡	颈部有一凤鸟和鱼，肩部为一周三角锯齿	图一〇，8
黔江正阳乡	肩部为一周三角锯齿	图一〇，9
重庆市涪陵区博物馆藏	肩部为一周三角刻纹	图一〇，10
慈利县博物馆藏	圈足上刻鱼纹	图一一，1
古丈河西	肩部为一周三角锯齿，一面为凤鸟，另一面为鱼纹	图一一，2
保靖上家	颈部刻凤鸟纹，圈足外底模铸“大吉”和双鱼	
湖南博物院藏	“邓次”壶，纹饰分别刻在颈部和圈足上。颈部图案分两组：一组为一持刀武士和一凤鸟，对面为一组凤鸟和鱼。圈足图案分为三组：一组为类似虎的动物和凤鸟，第二组为弯弓放箭的猎人和动物，第三组为凤鸟和鱼。在颈部和圈足底部分别用一周三角锯齿纹作为装饰带	图一〇，1
	“李是”壶，圈足刻纹模糊，似乎为鱼。颈部刻纹分为两组：一组为一门阙和蹶张，另一组为树下喂马图	图一〇，2

注：湖南博物院藏品很可能来自湘西境内，故暂且列入

图一〇　圆壶刻纹组合

1. 湖南博物院藏“邓次”壶　2. 湖南博物院藏“李是”壶　3. 桃源刘坪　4、5. 恩施金龙坝　6、7. 湘西州博物馆藏　8. 黔江邻鄂乡　9. 黔江正阳乡　10. 重庆市涪陵区博物馆藏

归纳起来，刻纹纹样大致有以下几类：三角锯齿、凤鸟、鱼纹、蹶张、门阙、喂马。三角锯齿、凤鸟和鱼纹较为丰富，且存在形态差异，故下面对此三类进行介绍分析。

1）鱼纹

背部均隆起。腹部略有差异，可分三类。

甲类：腹部内弧，如恩施金龙坝所出2件（图一一，3、4）。

乙类：腹部直，如桃源刘坪所出（图一一，5）。

丙类：腹部弯曲，如湘西州博物馆藏（图一一，6）。

2）三角锯齿

根据形态分以下几类。

甲类：三角顶端有针尖。

个别排列整齐、錾刻深浅相同，大多深浅不一，线条长短也不同，如恩施金龙坝所出及湘西州博物馆藏（图一一，7、8）。

乙类：没有针尖，如湘西州博物馆藏（图一一，9）。

3）凤鸟纹

差异主要在凤鸟的颈部。

甲类：颈部略弯曲为弧线，如湘西州博物馆藏及古丈河西所出（图一一，10、11）。

乙类：颈部弯曲为S形，如桃源刘坪所出（图一一，12）。

（2）第二类：部分模铸花纹或吉语。

均在圆壶外底模铸，有钱币纹，或钱币纹和双鱼，或者“大吉”铭文。列表如下（表五）。

3. 题铭

根据文字的书写方式差异，分刻铭和铸铭两类。

第一类：刻铭。

湖南博物院藏“邓次”壶颈部刻“主师作上牢宜子孙”，圈足刻铭“邓次藏锺一只直钱六千五百卅”。“李是”壶口沿刻“富贵昌乐未央李是”。

桃源刘坪村出土者口沿刻“□□年□□月宜侯王宜子孙”。

第二类：铸铭。

湖南博物院藏“邓次”壶，器底铭文模铸“主人相宜”。

此外，上述已经提及，还有不少铸铭“大吉”。

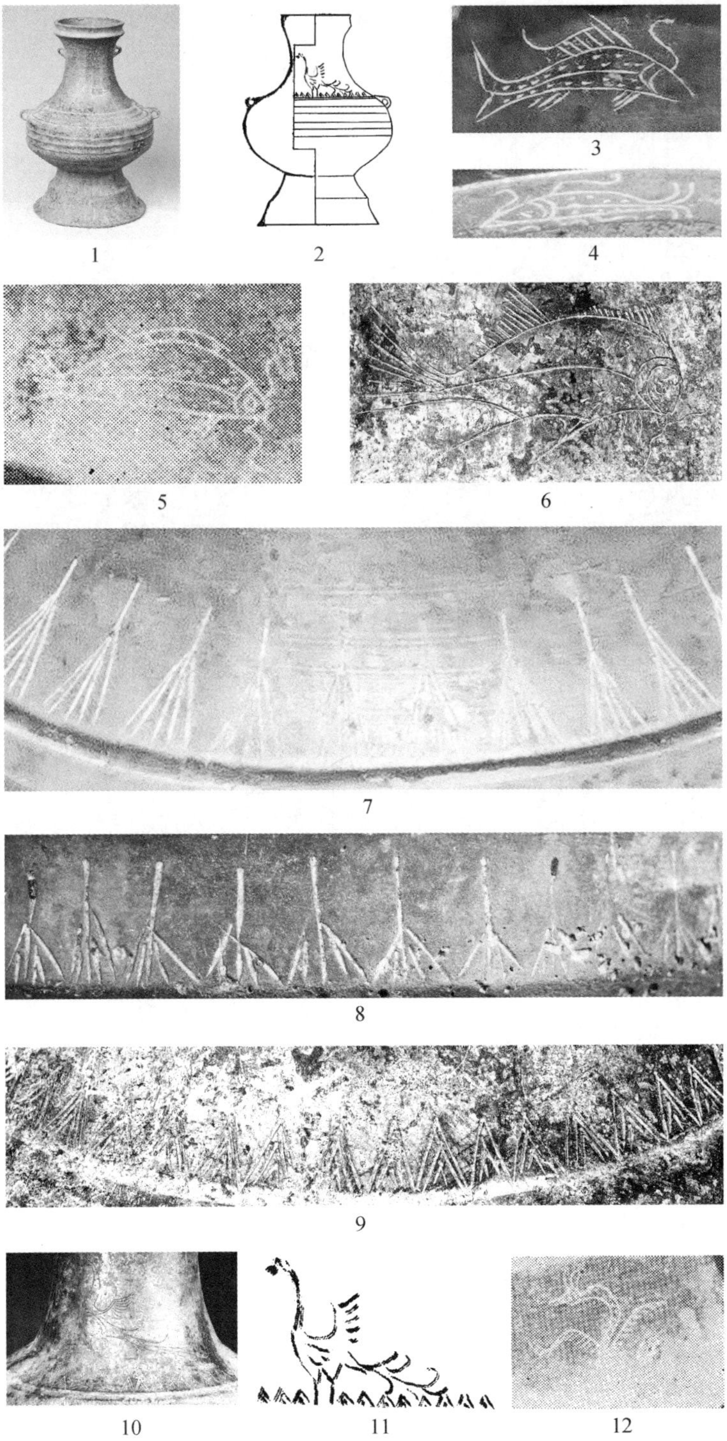

图一一　圆壶刻纹

1、2. 刻纹组合（慈利博物馆藏、古丈河西）　3、4. 鱼甲类（恩施金龙坝）　5. 鱼乙类（桃源刘坪）　6. 鱼丙类（湘西州博物馆藏）　7、8. 三角锯齿甲类（恩施金龙坝、湘西州博物馆藏）　9. 三角锯齿乙类（湘西州博物馆藏）　10、11. 凤鸟纹甲类（湘西州博物馆藏、古丈河西）　12. 凤鸟纹乙类（桃源刘坪）

表五　圆壶模铸花纹或吉语一览表

出土	布局和纹样	图示
巴东火峰	外底模铸1枚钱纹	图一二，1
湘西州博物馆藏	4枚五铢钱	图一二，2
	3件。“大吉”	图一二，4～6
	双鱼+2枚五铢钱纹	图一二，3
保靖上家	大吉	
恩施金龙坝	大吉	图一二，7
湖南博物院藏	据笔者调查，至少有10件，模铸五铢钱纹或“大吉”	

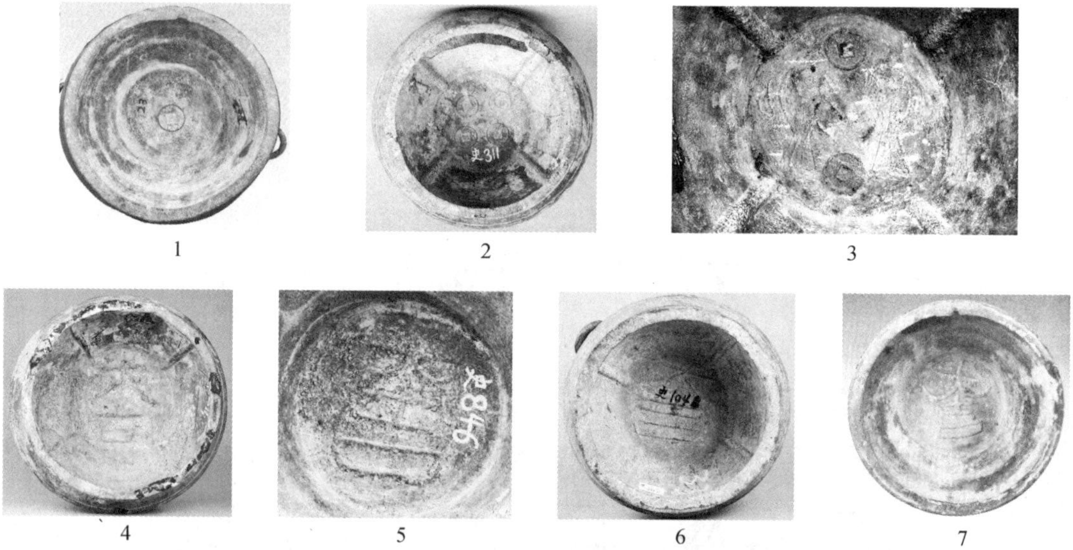

图一二　圆壶模铸花纹与吉语

1. 巴东火峰　2～6. 湘西州博物馆藏　7. 恩施金龙坝

4. 时代

吉首后头溪窖藏出土“阳嘉三年朱提造作”铜洗，可知窖藏时代大致在公元134年之后。另外，重庆市涪陵区博物馆所藏1件，肩部亦刻一周三角锯齿纹，与上述刻纹铜壶器形一致。根据其口沿刻铭“永初元年”，可知时代为公元107年①。忠县涂井M5所出铜壶，外底也模铸“大吉”铭文，墓葬时代为东汉晚期②。故可将上述铜壶的时代大致推断在东汉中晚期。

① 幸军主编：《巴渝藏珍——重庆市第一次全国可移动文物普查文物精品图录》（金属器卷），西南师范大学出版社，2019年，第104页。

② 四川省文物管理委员会：《四川忠县涂井蜀汉崖墓》，《文物》1985年第7期。

（五）鍪

学界往往将上述窖藏所出鍪和釜混淆，根据公布材料的文字描述，很难厘清鍪和釜及具体数量，且公开发表的依然十分有限。

鍪的器形特征大致为：盘口，短弧颈，扁鼓腹，圜底近平。肩部两侧置对称环耳。

根据盘口的深浅变化分二式。

Ⅰ式：浅盘口。

保靖多乐出土（图一三，1）。

Ⅱ式：盘口变深。

花垣凉水井、保靖多乐、利川箭竹溪（图一三，3）、恩施市、恩施大集乡、咸丰春光（图一三，2）、长阳关口垭、巴东连三坡、宜昌三岔口、花垣兴农园小区、吉首漆树湾等所出或征集。

不少铜鍪肩部还有铺首。另外，其器形偏大，口径一般在25厘米以上。

时代方面。墓葬所出同类器可资比较，如下。

Ⅰ式与宜昌前坪M3[①]（图一三，4）、巫山双堰塘M705[②]（图一三，5）所出接近，时代为东汉早期。

Ⅱ式在东汉中晚期墓葬中大量发现，如万州瓦子坪M9[③]（图一三，6）、忠县宣公M3[④]（图一三，7）、忠县涂井M5[⑤]（图一三，8）。根据墓葬的时代，可知属东汉中晚期至三国初期。

---

① 湖北省博物馆：《宜昌前坪战国两汉墓》，《考古学报》1976年第2期。

② 中国社会科学院考古研究所三峡工作队、巫山县文物管理所：《巫山双堰塘遗址发掘报告》，重庆市文物局、重庆市移民局编：《重庆库区考古报告》（1998卷），科学出版社，2003年，第88页。

③ 山东省博物馆、山东省文物考古研究院、重庆市万州区博物馆：《万州瓦子坪》，科学出版社，2024年，第19页。

④ 重庆市文物考古所、重庆市文物局、忠县文物保护管理所：《忠县宣公墓群发掘报告》，重庆市文物局、重庆市移民局编：《重庆库区考古报告》（2000卷·下），科学出版社，2007年，第903页。

⑤ 四川省文物管理委员会：《四川忠县涂井蜀汉崖墓》，《文物》1985年第7期。

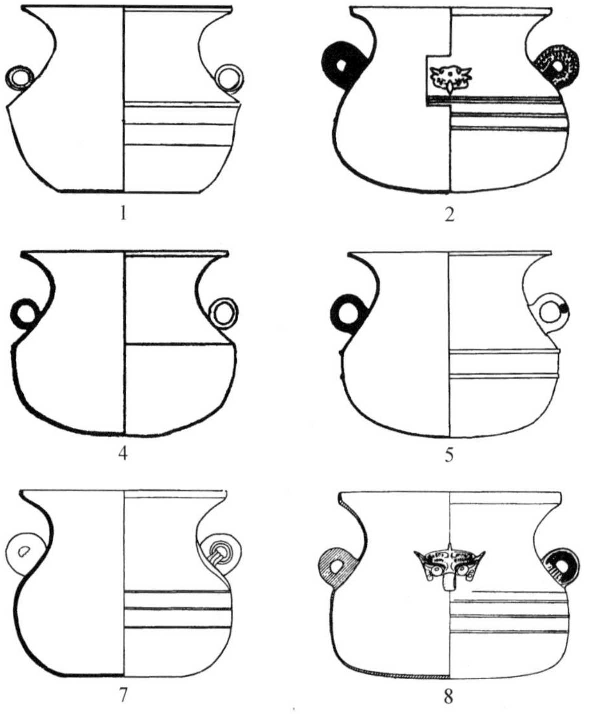

图一三　鍪

1、4、5. Ⅰ式（保靖多乐、宜昌前坪M3、巫山双堰塘M705）　2、3、6～8. Ⅱ式（咸丰春光、利川箭竹溪、万州瓦子坪M9、忠县宣公M3、忠县涂井M5）

（六）釜

釜与鍪的区别在颈部，即鍪为弧颈，釜为束颈或直颈。根据颈部的不同分两类。

甲类：束颈。

浅盘口，斜肩，扁鼓腹，圜底近平。肩部两侧置玉璧形绹纹环耳。

有花垣凉水井、利川建南镇（图一四，1）、咸丰南家沟、长阳十五溪、秭归下马台、保靖多乐（图一四，3）等所出以及湘西州博物馆所藏（图一四，2）。

装饰和题铭方面。咸丰所出内底模铸一鹭鸟、一鱼纹和铭文“八百”。凤凰西牛村所出1件，内底模铸钱纹和“宜侯王”铭文。

上述铜釜与成都牧马山M13①（图一四，4）、忠县花灯坟M10②（图一四，5）、

① 四川省博物馆：《四川牧马山灌溉渠古墓清理简报》，《考古》1959年第8期。

② 重庆市文化遗产研究院、常德博物馆：《忠县花灯坟墓群2003年度发掘简报》，重庆市文物局、重庆市移民局编：《重庆库区考古报告集》（2003卷·五），科学出版社，2018年，第3372页。

忠县老鸹冲AM5[①]（图一四，6）所出并无二致，忠县老鸹冲AM5出土“元和元年堂狼造”铜洗。时代大致在东汉中晚期。

乙类：粗短直颈。

浅盘口，扁鼓腹，平底。大环耳。保靖大坝出土（图一四，7）。尚未发现同类器。根据盘口形态初步推断时代为东汉中晚期。

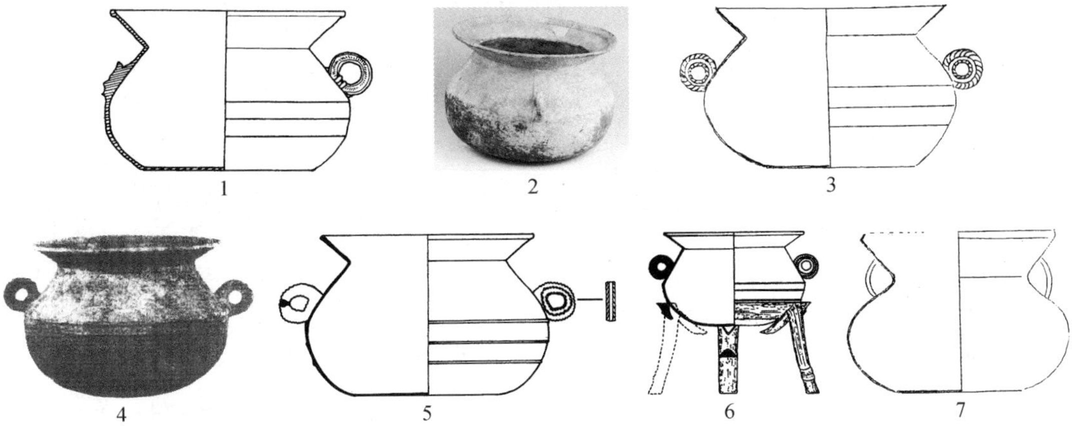

图一四 釜

1～6. 甲类（利川建南镇、湘西州博物馆藏、保靖多乐、成都牧马山M13、忠县花灯坟M10、忠县老鸹冲AM5） 7. 乙类（保靖大坝）

（七）洗

上述窖藏所出超过120件，但公开发表的20余件。

1. 器形分类

根据腹部的不同分两类。

第壹类 无铺首衔环。

敞弧腹。如保靖多乐（图一五，1）、花垣凉水井等所出。

第贰类 有铺首衔环。

根据腹部的差异分三小类。

甲类：盘口，鼓腹，平底。

① 重庆市文物考古所、重庆市文物局：《忠县老鸹冲遗址（墓葬部分）发掘简报》，重庆市文物局、重庆市移民局编：《重庆库区考古报告》（2000卷·下），科学出版社，2007年，第860页。

根据腹部的变化分二式。

Ⅰ式：腹鼓。

恩施大龙潭（图一五，2）、恩施市区（图一五，3）、利川箭竹溪（图一五，4）、务川马蹄塘、吉首后头溪、桃源竹园等所出。

Ⅱ式：扁鼓腹或垂腹。

咸丰墨池寺（图一五，5）、巴东火峰（图一五，6）、长阳椰坪（图一五，7）、桃源竹园（图一五，8）等所出。

乙类：深直腹。

湘西州博物馆藏（图一五，9～11）。

丙类：弧腹。

湘西州博物馆藏等（图一五，12）。

目前所见分类如下（表六）。

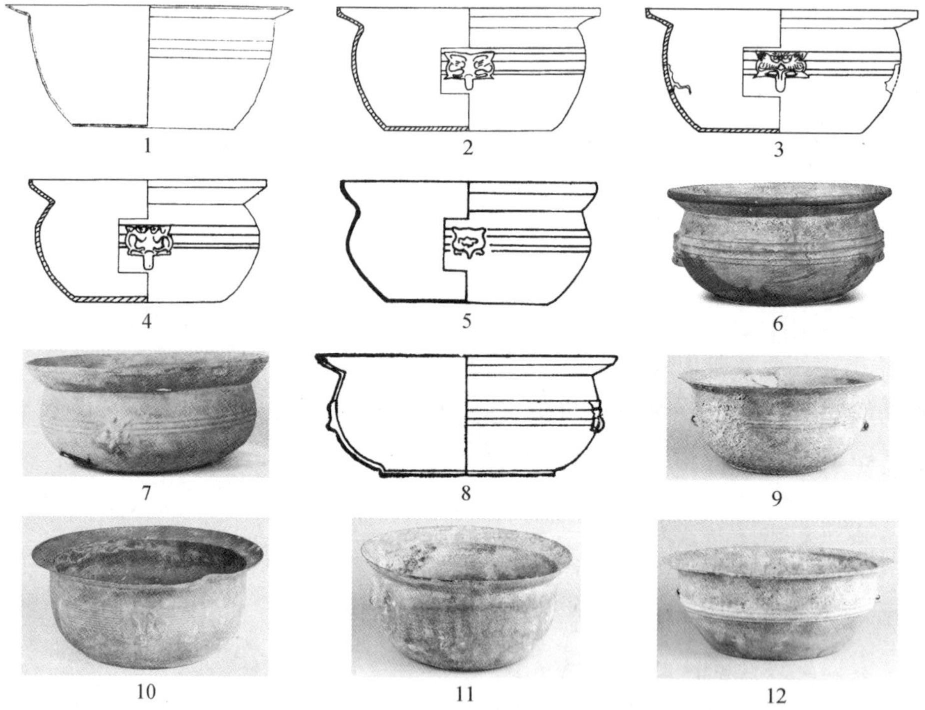

图一五　洗

1. 壹类（保靖多乐）　2～4. 贰类甲Ⅰ式（恩施大龙潭、恩施市区、利川箭竹溪）　5～8. 贰类甲Ⅱ式（咸丰墨池寺、巴东火峰、长阳椰坪、桃源竹园）　9～11. 贰类乙类（湘西州博物馆藏）　12. 贰类丙类（湘西州博物馆藏）

表六　洗器形分类一览表

<table>
<tr><th colspan="3">类别</th><th>出土或馆藏地</th></tr>
<tr><td colspan="3">壹</td><td>保靖多乐（4）、花垣凉水井、咸丰博物馆藏（2）、长阳榔坪镇、湘西州博物馆（3）</td></tr>
<tr><td rowspan="4">贰</td><td rowspan="2">甲</td><td>Ⅰ</td><td>利川箭竹溪、恩施大龙潭、恩施市征集、恩施林家湾、吉首大田湾、花垣凉水井（3）、桃源竹园、咸丰博物馆藏、吉首后头溪、湘西州博物馆、务川马蹄塘</td></tr>
<tr><td>Ⅱ</td><td>咸丰墨池寺、古丈河西、花垣凉水井、花垣兴农园（10）、保靖多乐、宜昌三岔口、长阳榔坪、巴东火峰、桃源大池塘、桃源竹园、吉首漆树湾、湘西州博物馆（接近10）、吉首后头溪、安化江溪茶场（6）、桃源刘坪、咸丰合丰、保靖大坝、咸丰南家沟</td></tr>
<tr><td colspan="2">乙</td><td>湘西州博物馆（5）</td></tr>
<tr><td colspan="2">丙</td><td>桃源大池塘、湘西州博物馆、桃源竹园</td></tr>
</table>

注：表格中的数字为件数

2. 装饰及纹样

均在内底模铸花纹。列表如下（表七）：

表七　洗模铸花纹一览表

出土	纹样
安化江溪茶场	麒麟和凤鸟纹
	2件，羊纹
	双鱼纹（乙B）
桃源竹园	鱼+两枚钱纹（乙C）
桃源刘坪	首尾相连双鱼纹（甲B）
桃源大池塘	3件，双鱼纹（乙B2；丁1）
	“富贵昌宜侯王大好王”、“刘氏”和双鱼纹（乙B）
	“富贵昌宜”和双鱼纹（甲B）
	“富贵昌宜侯”和双鱼纹（丁）
	3件，羊纹
	1件，柿蒂纹
吉首后头溪	单鱼纹（乙A）
利川箭竹溪	“宜侯王”和双鱼纹（甲B）

续表

出土	纹样
恩施大龙潭	“富贵昌宜侯王”和双鱼纹（甲B）
恩施市区	“富贵金造作吉”和双鱼纹、四枚“货泉”纹（甲C）
恩施林家湾	“宜侯王”和双鱼（甲B）
咸丰坪坝营镇	双鱼纹和“宜侯王”（甲B）
咸丰南家沟	双鱼纹和“富贵昌宜侯王”（甲B）
咸丰成群	“宜侯王”和双鱼纹（甲B）
长阳榔坪	双鱼纹和“宜侯王”（乙B）
	双鱼纹（不详）
	2件，单鱼纹（丁、丙A各1）
巴东火峰	羊纹
宜昌三岔口	“宜侯王”和八角星
湘西州博物馆藏	羊纹
	凤鸟纹
	2件，双鱼纹（乙B1）
	3件，单鱼纹（乙A1；丁2）
	2件，双鱼+两枚钱币纹（丙B）、双鱼+1枚钱币（丙B）
	1件，单鱼纹+钱币（不详）
吉首漆树湾	柿蒂纹
保靖多乐	双鱼和“富贵宜王”（乙B）
	2例；双鱼纹（乙B1、甲B1）
保靖上家	双鱼纹（不详）
花垣兴农园小区	单鱼纹（不详）
古丈河西	双鱼纹（乙B）
来凤东大坪	双鱼纹和“宜侯王”（不详）
务川马蹄塘	单鱼纹（甲A）
	双鱼纹（甲B）
黔江仰头山	“大吉羊宜侯王”和双鱼纹（乙B）
彭水古楼乡	“富贵昌宜侯王”和双鱼图案（甲B）

根据上表可知纹样有鱼、羊、柿蒂纹等。

（1）鱼纹

发现40件。仅部分鱼纹有图片公布。根据鱼的造型分以下几类。

甲类：鱼背隆起，腹内弧。

13件。组合分类如下：

A类：单鱼。1例，如务川马蹄塘所出（图一六，1）。

B类：双鱼（或加吉语）。11例，如务川马蹄塘、桃源刘坪、利川箭竹溪、恩施大龙潭所出（图一六，2～5）。

C类：鱼+钱币（或加吉语）。1例，如恩施市区所出（图一六，6）。

乙类：鱼背隆起，腹曲。

12件。组合分类如下：

A类：单鱼。2例，如吉首后头溪所出和湘西州博物馆所藏（图一六，7、8）。

B类：双鱼（或加吉语）。9例，如安化江溪茶场、长阳榔坪所出以及湘西州博物馆所藏（图一六，9～11）。

C类：单鱼+钱币纹。1例，如桃源竹园所出（图一六，12）。

丙类：鱼背隆起，腹直。

3件。组合分类如下：

A类：单鱼。1例，如长阳榔坪所出（图一七，1）。

B类：双鱼+钱币纹。2例，如湘西州博物馆所藏（图一七，2）。

丁类：对称形。

5件。如长阳榔坪所出、湘西州博物馆所藏（图一七，3、4）。

（2）柿蒂纹

2例。如桃源大池塘所出（图一七，5）。

（3）羊纹

7例。如桃源大池塘所出（图一七，6、7）。

（4）凤鸟纹

1例。如湘西州博物馆所藏（图一七，8）。

（5）麒麟+凤鸟纹

1例，如安化江溪茶场所出（图一七，9）。

可见，鱼纹占据主导，羊纹也有一定的规模，其他纹饰零星发现。

图一六　洗纹饰（一）

1. 鱼甲A类（务川马蹄塘）　2～5. 鱼甲B类（务川马蹄塘、桃源刘坪、利川箭竹溪、恩施大龙潭）　6. 鱼甲C类（恩施市区）　7、8. 鱼乙A类（吉首后头溪、湘西州博物馆藏）　9～11. 鱼乙B类（安化江溪茶场、长阳榔坪、湘西州博物馆藏）　12. 鱼乙C类（桃源竹园）

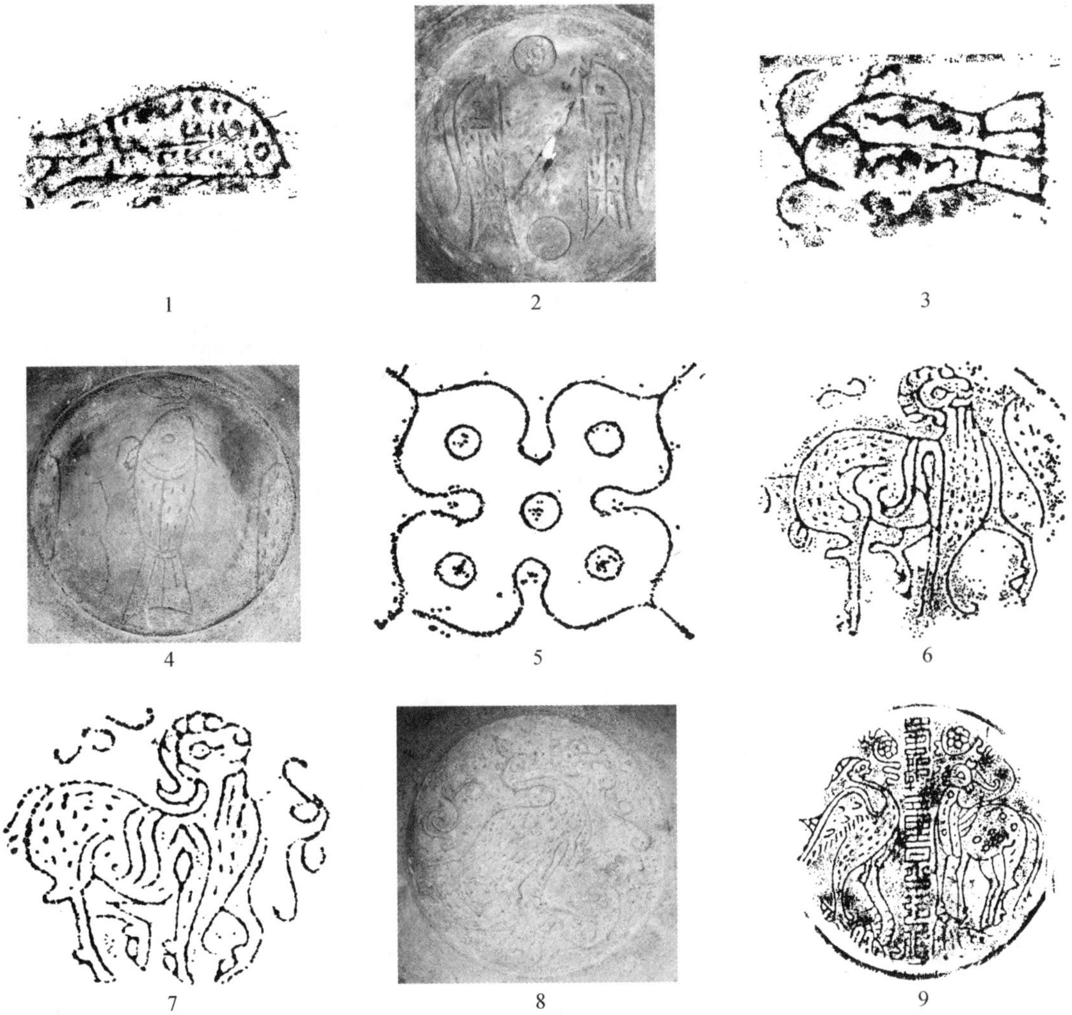

图一七　洗纹饰（二）

1. 鱼丙A类（长阳榔坪）　2. 鱼丙B类（湘西州博物馆藏）　3、4. 鱼丁类（长阳榔坪、湘西州博物馆藏）　5. 柿蒂纹（桃源大池塘）　6、7. 羊纹（桃源大池塘）　8. 凤鸟纹（湘西州博物馆藏）　9. 麒麟+凤鸟纹（安化江溪茶场）

3. 题铭

均为铸铭，可列表观察（表八）。

不难发现，题铭之中，以吉语“宜侯王”类为主，纪年类仅发现3例，其他题材零星发现。

表八　洗模铸题铭一览表

地点	题铭
桃源大池塘	“富贵昌宜侯王大好王”　“刘氏”
	“富贵昌宜”
	“富贵昌宜侯”
利川箭竹溪	“宜侯王”
恩施大龙潭	“富贵昌宜侯王”
恩施市区	“富贵金造作吉”
恩施林家湾	“宜侯王”
咸丰坪坝营镇	“宜侯王”
咸丰南家沟	“富贵昌宜侯王”
咸丰成群	2例，“宜侯王”
	“永元十二年堂狼造”
长阳榔坪	“宜侯王”
宜昌三岔口	2例，“宜侯王”
来凤东大坪	“宜侯王”
保靖多乐	“富贵宜王”
吉首后头溪	“阳嘉三年朱提造作”
湘西州博物馆藏	“熹平四年造作吉”
彭水古楼乡	“富贵昌宜侯王”
黔江仰头山	“大吉羊宜侯王”

4. 时代

壹类，造型与东汉中晚期忠县涂井M5[①]（图一八，1）、禄丰碧通汉墓[②]（图一八，2）所出类似。

贰类甲Ⅰ式，造型与驻马店市博物馆藏“延光□年”（公元122～125年）[③]（图一八，3）、济南广智院“永元九年”（公元97年）[④]、章丘东平陵“延平元年”

① 四川省文物管理委员会：《四川忠县涂井蜀汉崖墓》，《文物》1985年第7期。

② 王桂蓉：《禄丰汉代砖室墓清理简报》，文物编辑委员会编：《文物资料丛刊》（9），文物出版社，1985年，第206页。

③ 驻马店市博物馆编：《厚重天中——驻马店历史文化陈列》，大象出版社，2018年，第169页。

④ 李晶：《介绍济南市博物馆收藏的几件青铜器》，《文物》1996年第1期。

（公元106年）洗①相同。

贰类甲Ⅱ式，相同造型在郧县西峰M22②（图一八，4）、武汉江夏庙山③（图一八，5）、寿县谷贝乡④（图一八，6）、新沂瓦窑⑤均有出土。

贰类乙，器形与故宫博物院藏“永和三年堂狼造”（公元138年）洗⑥相同（图一八，7）。

贰类丙，造型与昆明羊甫头M96（图一八，8）、昆明羊甫头M398⑦（图一八，9）、大关黄葛田元村⑧出土者相同。

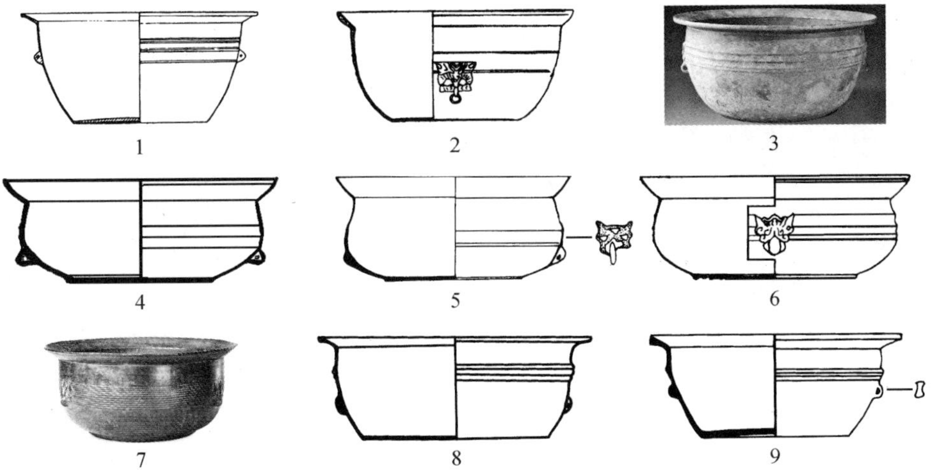

图一八　其他地区所出洗

1. 忠县涂井M5　2. 禄丰碧通　3. 驻马店市博物馆藏“延光□年”洗　4. 郧县西峰M22　5. 武汉江夏庙山　6. 寿县谷贝乡　7. 故宫博物院藏“永和三年堂狼造”洗　8. 昆明羊甫头M96　9. 昆明羊甫头M398

---

① 宁荫棠、牛祺安：《山东章丘市东平陵故城出土汉代青铜器》，《文物》1997年第4期。

② 襄樊学院、襄阳及三国历史文化研究所：《湖北郧县西峰汉墓群发掘简报》，《江汉考古》2011年第4期。

③ 武汉市文物考古研究所、江夏区文物管理所：《武汉江夏区庙山东汉墓的清理》，《考古》2006年第5期。

④ 寿县博物馆：《安徽寿县发现汉、唐遗物》，《考古》1989年第8期。

⑤ 徐州博物馆、新沂县图书馆：《江苏新沂瓦窑汉画像石墓》，《考古》1985年第7期。

⑥ 杜迺松：《故宫博物院藏文物珍品大系——青铜生活器》，上海科学技术出版社、商务印书馆（香港）有限公司，2007年，第73页。

⑦ 云南省文物考古研究所、昆明市博物馆、官渡区博物馆：《昆明羊甫头墓地》（卷三），科学出版社，2005年，第785、801页。

⑧ 昭通市文物管理所编：《昭通田野考古》（之一），云南人民出版社，2012年，第245页。

此外，部分出土明确纪年，如咸丰成群所出自铭“永元十二年”（公元100年）、吉首后头溪所出有“阳嘉三年”（公元134年）铭文、湘西州博物馆所藏有“熹平四年”（公元175年）铭文；部分同出东汉中晚期的铜壶、鍪、釜之类，甚至个别还有三国钱币，如宜昌三岔口窖藏。

初步推断上述铜洗的时代在东汉中晚期。

（八）盘

数量不多，如桃源竹园（图一九，1）、宜昌三岔口（图一九，2）、桃源大池塘所出。器形大致接近，为浅盘口、束颈、浅垂腹、平底。腹部两侧置铺首衔环。

装饰方面，模铸的纹饰大致有以下三类。

甲类：鼎纹。

如湘西州博物馆所藏（图一九，3）。

乙类：单鱼纹。

如桃源竹园所出。鱼为对称形（图一九，4）。

丙类：单鱼+钱币纹。湘西州博物馆藏1件，纹饰不是十分清晰，隐约可见鱼和钱币图案。

根据宜昌三岔口窖藏的时代，可知这些盘大致集中在东汉中晚期。

图一九　盘

1、4. 桃源竹园　2. 宜昌三岔口　3. 湘西州博物馆藏

（九）鏂、鋗、壶形尊、鐎壶

1. 鏂

4例，为桃源大池塘、桃源竹园、彭水石柳乡、花垣凉水井所出（图二〇，1～3）。器形特征为：口略侈，弧腹，平底，圈足。腹部两侧置铺首衔环。口径一

般在25厘米左右。

根据圈足的高低不同分二式。

Ⅰ式：矮圈足。

花垣凉水井（图二〇，1）和桃源大池塘（图二〇，2）出土。

Ⅱ式：喇叭状高圈足。

桃源竹园（图二〇，6）和彭水石柳乡（图二〇，7）出土。

Ⅰ式与郴州市区M12[①]（图二〇，3）、资兴M157（图二〇，4）、资兴M439[②]（图二〇，5）、长沙汤家岭张端君墓[③]所出相同。时代属西汉晚期至东汉早期。

Ⅱ式在墓葬中尚未发现类似器，但根据鋗的形态研究，可知时代属东汉中晚期。

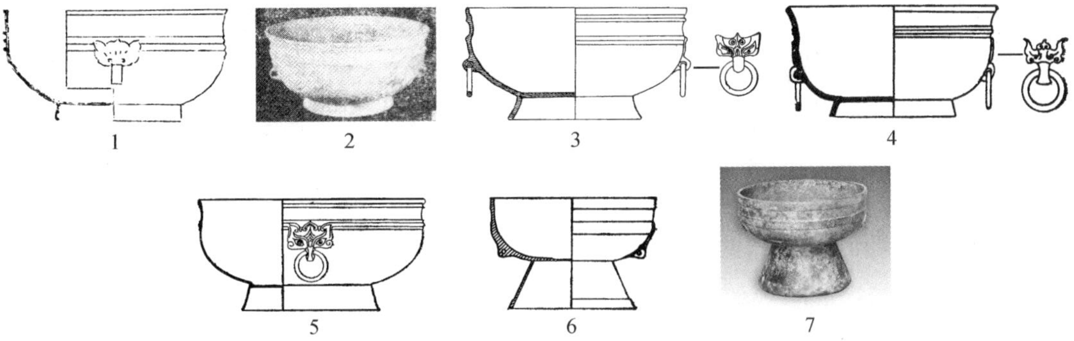

图二〇　鋗

1～5. Ⅰ式（花垣凉水井、桃源大池塘、郴州市区M12、资兴M157、资兴M439）　6、7. Ⅱ式（桃源竹园、彭水石柳乡）

2. 鋗

仅在恩施金龙坝发现1例，特征为敞口，束颈，鼓腹，平底，高圈足（图二一，1）。腹部两侧置铺首衔环。类似器形在巫山下西坪M14[④]（图二一，2）、巫山土城

---

① 湖南省郴州地区文物工作队：《湖南郴州汉墓清理简报》，《考古》1985年第8期。

② 湖南省博物馆：《湖南资兴东汉墓》，《考古学报》1984年第1期；湖南省博物馆、湖南省文物考古研究所：《湖南资兴西汉墓》，《考古学报》1995年第4期。

③ 湖南省博物馆：《长沙汤家岭西汉墓清理报告》，《考古》1966年第4期。

④ 湖南省文物考古研究所、湖南省怀化市文物事业管理处、重庆市文物局、巫山县文物管理所：《巫山下西坪古墓群勘探发掘报告》，重庆市文物局、重庆市移民局编：《重庆库区考古报告》（2001卷·上），科学出版社，2007年，第235页。

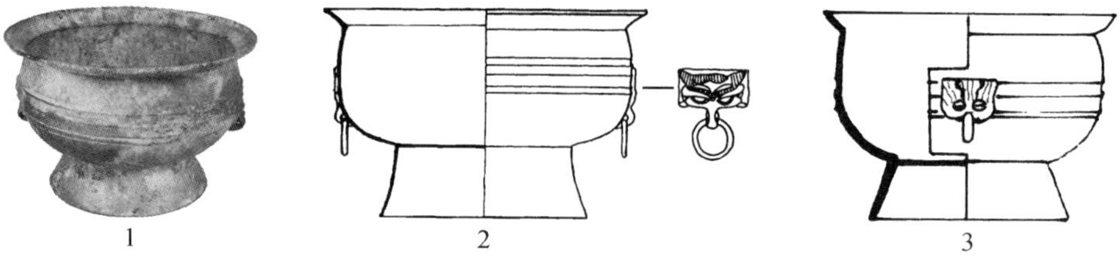

图二一　鋗

1. 恩施金龙坝　2. 巫山下西坪M14　3. 巫山土城坡M46

坡M46[①]（图二一，3）中均有出土，前者出土永元十年（公元98年）墓砖，后者出土建光年号（公元121～122年）墓砖，可知时代大致属东汉中晚期。

3. 壶形尊

亦仅恩施金龙坝出土1例，器形特征为蒜形小口，圆肩，鼓腹，小平底，喇叭状高圈足。肩部两侧置对称环耳和铺首（图二二，1）。类似尊在昆明羊甫头M316[②]（图二二，2）、安顺宁谷大寨村[③]（图二二，3）中均有发现，时代属东汉中晚期。

4. 鐎壶

桃源竹园（图二三，1）、保靖大坝各出土1例。敛口，圆肩，扁鼓腹，圜底，下置三蹄足。腹部一侧置横柄。

同类器在攸县皇图岭M12[④]（图二三，2）、宁远淌塘M4[⑤]（图二三，3）等墓葬中出土，时代属东汉中晚期。

① 武汉市文物考古研究所、巫山县文物管理所：《重庆巫山土城坡墓地Ⅲ区东汉墓葬发掘报告》，《江汉考古》2008年第1期。

② 云南省文物考古研究所、昆明市博物馆、官渡区博物馆：《昆明羊甫头墓地》（卷三），科学出版社，2005年，第727页。

③ 贵州省博物馆：《贵州安顺宁谷发现东汉墓》，《考古》1972年第2期。

④ 黄阳秋：《茶陵故城汉墓发掘报告》，陈建明主编：《湖南省博物馆馆刊》（第四辑），岳麓书社，2007年，第134页。

⑤ 湖南省文物考古研究所：《湖南宁远淌塘汉晋墓发掘简报》，湖南省文物考古研究所编：《湖南考古辑刊》（第9集），岳麓书社，2011年，第118页。

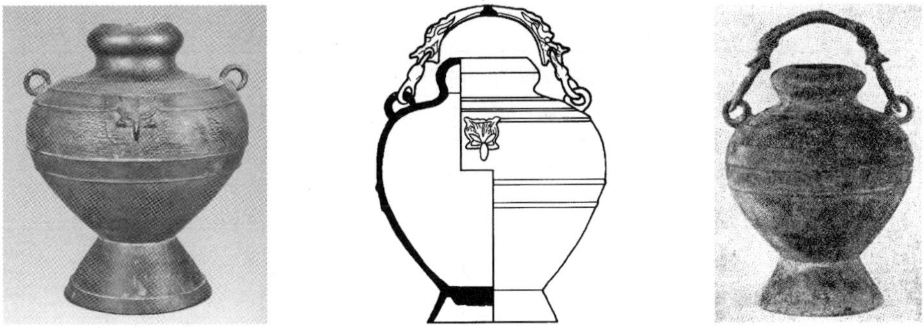

1　2　3

图二二　壶形尊

1. 恩施金龙坝　2. 昆明羊甫头M316　3. 安顺宁谷大寨村

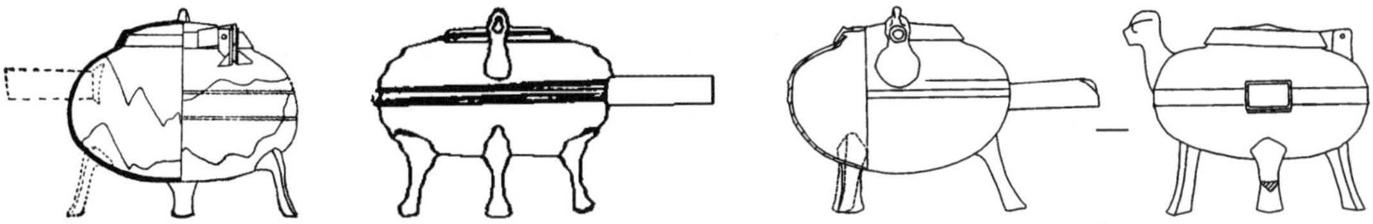

1　2　3

图二三　鐎壶

1. 桃源竹园　2. 攸县皇图岭M12　3. 宁远淌塘M4

（十）时　　代

综合以上的分析，各器类的时代大致如下（表九）。

表九　铜器类型与所处时代一览表

器类			战国中晚期	西汉（包括新莽）	东汉早期	东汉中晚期
扁钟①	甲		●	●	●	
	乙	Ⅰ	●	●	●	
		Ⅱ				●
钲	甲		●			
	乙			●		
	丙		●			

① 扁钟甲类、乙类Ⅰ式在东汉中晚期所出很可能为沿用，因此其制作的时代下限本文暂且推定在东汉早期。

续表

器类				战国中晚期	西汉（包括新莽）	东汉早期	东汉中晚期
錞于	甲			●			
	乙	Ⅰ		●			
		Ⅱ		●	●		
		Ⅲ					●
	丙						●
圆壶	甲						●
	乙						●
鍪	Ⅰ					●	
	Ⅱ						●
釜	甲						●
	乙						●
洗	壹类						●
	贰类	甲	Ⅰ				●
			Ⅱ				●
		乙					●
		丙					●
盘							●
鏂	Ⅰ				●	●	
	Ⅱ						●
鋗							●
壶形尊							●
鐎壶							●

可见，响（乐）器和日用生活器所出时段存在明显的差异：响（乐）器跨度较大，从战国延续至东汉中晚期，其中钲的时代基本在西汉或更早；日用生活器除了个别器类进入西汉晚期—东汉早期外，其余基本属东汉中晚期阶段。

二、来源构成

武陵山区窖藏所出铜器，来源何地？构成有何特征，变化如何？对此分析如下。为方便观察，下面依然就各器类进行分析。

1. 扁钟

早期阶段分布较为广泛，除了武陵山区外，巴蜀[①]也是重要的分布地。不过进入汉代，巴蜀地区所出罕见。据此推断，武陵境内应制作。

扁钟的形制与编钟并无太大的差异，乃源自编钟而进行的改造。武陵山区周边地区的楚地编钟制作发达，早期阶段的扁钟很可能来自楚地。

2. 钲

丙类见于楚地，可能为楚地所流入。

甲类和乙类的分布广泛，除了武陵山区外，巴蜀境内也不少[②]。不过，其规模以武陵境内最为丰富，且汉代所出为其他地区不见。推断该器物在武陵境内制造。鉴于甲类亦发现于楚地，推断很可能也与楚国有关。

3. 錞于

甲类最早出现在战国中晚期的越地[③]，后来不排除楚地仿制且流入武陵境内的可能性。

乙类早期虽然也发现于巴蜀[④]，但以武陵境内最为丰富，且进入汉代基本以武陵为分布重心，可知武陵本土亦制造。

4. 圆壶

24处窖藏所出近50件，且造型风格相同，而类似风格铜壶在全国其他地区所出

---

① 据《中国音乐文物大系·四川卷》，巴蜀地区所出接近30件，其中归属战国时期的约10件，典型的如涪陵小田溪所出。可参阅《中国音乐文物大系》总编辑部：《中国音乐文物大系·四川卷》，大象出版社，1996年，第45～57页。

② 据《中国音乐文物大系·四川卷》，巴蜀地区所出近10件。可参阅：《中国音乐文物大系》总编辑部：《中国音乐文物大系·四川卷》，大象出版社，1996年，第59～63页。

③ 傅举有：《古代越族的乐器——錞于》，《民族研究》1983年第5期。

④ 据《中国音乐文物大系·四川卷》，巴蜀地区所出接近20件，多归属战国中晚期阶段。可参阅《中国音乐文物大系》总编辑部：《中国音乐文物大系·四川卷》，大象出版社，1996年，第64～72页。

不到30件①。

另外，在颈部錾刻凤鸟和鱼之类的做法亦主要集中在武陵山区，发现10余件，其他地区仅苍山柞城②和丹阳瓜渚③发现2件。

在圆壶外底模铸“大吉”铭文的做法也较为集中于武陵山区，外地仅赣州南康荒塘④、忠县涂井⑤、巩义芝田⑥、桐柏平氏镇⑦有发现。

可见，武陵境内制作铜壶，且部分铜壶颇具当地特色。

---

① 出土地有合浦禁山七星岭（广西壮族自治区文物工作队：《广西合浦县禁山七星岭东汉墓葬》，《考古》2004年第4期）、合浦岭脚村M4［广西壮族自治区文物工作队、合浦县博物馆：《广西合浦县岭脚村三国墓发掘报告》，广西壮族自治区文物工作队编：《广西考古文集》（第二辑），科学出版社，2006年，第324～359页］、开州红华村（四川省文物管理委员会、开县图书馆：《四川开县红华村崖墓清理简报》，《考古与文物》1989年第1期）、忠县花灯坟M10［重庆市文化遗产研究院、常德博物馆：《忠县花灯坟墓群2003年度发掘简报》，重庆市文物局、重庆市水利局编：《重庆库区考古报告集》（2003卷·五），科学出版社，2019年，第3372页］、忠县涂井（四川省文物管理委员会：《四川忠县涂井蜀汉崖墓》，《文物》1985年第7期）、巫山土城坡（武汉市考古研究所、巫山县文物管理所：《重庆巫山土城坡墓地2006年度发掘简报》，《四川文物》2008年第2期；武汉市文物考古研究所、巫山县文物管理所：《重庆巫山土城坡墓地Ⅲ区东汉墓葬发掘报告》，《江汉考古》2008年第1期；武汉市文物考古研究所、巫山县文物管理所：《重庆巫山土城坡墓地2004年发掘简报》，《江汉考古》2009年第2期）、昭通得马寨［昭通市文物管理所编：《昭通田野考古》（之一），云南人民出版社，2012年，第178页］、兴仁交乐M6［贵州省博物馆考古研究所：《贵州田野考古四十年》（1953—1993），贵州民族出版社，1993年，第258页］、安顺宁谷（贵州省博物馆：《贵州安顺宁谷发现东汉墓》，《考古》1972年第2期）、南康荒塘M2（赣州地区博物馆、南康县博物馆：《江西南康县荒塘东汉墓》，《考古》1996年第9期）、巩义芝田（巩县文化馆：《河南巩县发现一批汉代铜器》，《考古》1974年第2期）、桐柏平氏镇（赵世纲：《河南桐柏平氏镇发现汉代铜器》，《考古》1963年第12期）、苍山柞城（刘心健、刘自强：《山东苍山柞城遗址出土东汉铜器》，《文物》1983年第10期）、丹阳瓜渚（镇江市博物馆、丹阳县文化馆：《江苏丹阳东汉墓》，《考古》1978年第3期》）。

② 刘心健、刘自强：《山东苍山柞城遗址出土东汉铜器》，《文物》1983年第10期。

③ 镇江市博物馆、丹阳县文化馆：《江苏丹阳东汉墓》，《考古》1978年第3期。

④ 赣州地区博物馆、南康县博物馆：《江西南康县荒塘东汉墓》，《考古》1996年第9期。

⑤ 四川省文物管理委员会：《四川忠县涂井蜀汉崖墓》，《文物》1985年第7期。

⑥ 巩县文化馆：《河南巩县发现一批汉代铜器》，《考古》1974年第2期。

⑦ 赵世纲：《河南桐柏平氏镇发现汉代铜器》，《考古》1963年第12期。

5. 鍪

境内所出与巴蜀地区无别，均为盘口，弧颈，扁鼓腹，平底。肩部除了安放环耳外，还出现铺首。是否均由巴蜀输入，目前很难推定。

6. 釜

与巴蜀所出相同。咸丰所出内底模铸鹭鸟和鱼纹的做法与昭通朱提堂狼洗的纹饰相同。是否均由巴蜀输入，目前同样很难推定。

7. 洗

洗是武陵山区窖藏的主要器类，所出在42处以上，数量超过120件。其来源较为复杂。

（1）器形方面

壹类与朱提堂狼洗相同；

贰类甲类Ⅰ式深鼓腹风格，朱提堂狼和蜀郡均有发现；甲类Ⅱ式扁鼓腹风格与蜀郡雷同。

贰类乙类与故宫博物院所藏“朱提堂狼”器毫无二致。

贰类丙类在昆明羊甫头墓地有出土，疑与朱提堂狼有关。

可见，器形方面深受巴蜀和朱提堂狼的影响。

（2）纹饰方面

羊纹。例如，巴东火峰、桃源大池塘、安化江溪茶场所出及湘西州博物馆所藏。《秦汉金文录》中此类纹样多伴随“董氏造作”“严氏造作”等[①]，可知属蜀郡产品。

凤鸟和麒麟纹。安化江溪茶场出土1件，有铭文“蜀郡董氏造作”，无疑属蜀郡产品。

凤鸟纹。湘西州博物馆藏1件。《秦汉金文录》著录或“蜀郡”“董氏”之类[②]，可知为蜀郡制造。

柿蒂纹。所见不多。除了桃源大池塘、吉首漆树湾、湖南博物院著录的1件外，

① 容庚编著：《秦汉金文录》，中华书局，2011年，第606～623页。

② 容庚编著：《秦汉金文录》，中华书局，2011年，第606～623页。

其他地区仅发现于大关黄葛田元村[①]、昆明羊甫头M398[②]。估计这类铜洗为本地制作。

鱼纹。据研究，鹭鸟、鱼纹乃朱提堂狼制造常见，而鱼纹在蜀郡器中不太出现[③]。但由上文可知，武陵山区铜器以单鱼、双鱼、双鱼+钱币纹、双鱼+钱币纹+吉语占据主导，显示出与两者的差异。此外，鱼的造型也存在不同，具体如下。

朱提堂狼制造的鱼纹，基本为腹、背对称的弧线形，偶见背部高高隆起、腹部直类型。

蜀郡制造的鱼纹，虽然不多，但主要为背部隆起、腹部弯曲类，偶见受朱提堂狼影响的对称弧形。

将武陵境内铜洗上的鱼纹与朱提堂狼和蜀郡对比，列表如下（表一〇）。

可见，仅D类不见于朱提堂狼或蜀郡，当属武陵特有的鱼纹。此类铜洗无疑为境内制造。

其他类型的鱼纹虽然与朱提堂狼或蜀郡相同，仅表明可能受其影响，并非来源。对此，需要结合纹饰组合进行考证。

C类鱼纹以武陵所出最为丰富，且组合多样，或单鱼，或单鱼+钱币纹，或单鱼+吉语之类。而鱼纹种类和组合在蜀郡制造器中并不丰富，可排除来自蜀郡的影响。

由此可见，除了鱼纹洗的来源较为复杂外，其他纹饰的洗与西南有关，或来自朱提堂狼，或源自蜀郡制造。

（3）题铭

咸丰成群出土1件，铭文“永元十二年堂狼造”；吉首后头溪出土1件，铭文为“阳嘉三年朱提造作”，无疑来自朱提堂狼。

吉语类。其组合可分以下几类：

1）“宜侯王”类，8处。

2）“富贵昌宜侯王”类，6处。

3）“宜侯王”+“吉”类，1处。

4）“富贵昌”+“吉”类，1处。

---

① 昭通市文物管理所编：《昭通田野考古》（之一），云南人民出版社，2012年，第245页。

② 云南省文物考古研究所、昆明市博物馆、官渡区博物馆：《昆明羊甫头墓地》（卷三），科学出版社，2005年，第801页。

③ 吴小平、魏然：《朱提堂狼器考》，《考古学报》2021年第3期。

表一〇　武陵境内所出铜洗鱼纹与朱提堂狼、蜀郡造对比

鱼纹形态	武陵境内所出	朱提堂狼	蜀郡
A类：对称形	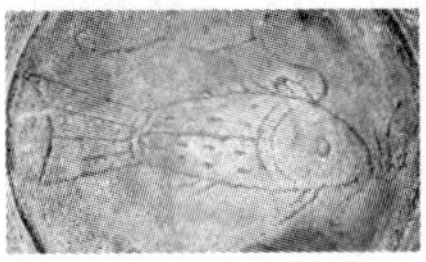		
B类：背部隆起、腹直			
C类：背部隆起、腹部曲			
D类：背部隆起、腹内弧			

据研究，蜀郡器多“吉”“吉羊”，朱提堂狼不太好吉语，虽然出现“富贵昌宜侯王”，但数量十分有限①。可以推断，第3、4类与朱提堂狼和蜀郡有关，而第1、2类具有明显的不同，表现出地域性，本地制作的可能性极大。

8. 盘

湘西州博物馆藏1件，鼎纹，推断来自蜀郡。

其他为单鱼纹或单鱼+钱币纹，尚未在其他地区发现。

---

① 吴小平、魏然：《朱提堂狼器考》，《考古学报》2021年第3期。

9. 鉶

Ⅰ式，武陵山区出土2例，与湘中南一带所出相同，如衡阳蒋家山M4[①]、郴州市区M12[②]、资兴M157[③]、资兴M439[④]、长沙汤家岭[⑤]、郴州柏树下[⑥]等所出，器形也相似，推断来自这一区域。

Ⅱ式，武陵山区所出不过2件。西南一带所出此类鉶甚多，如西昌电视台基地[⑦]、清镇[⑧]、兴义万屯M8[⑨]、兴仁交乐M19[⑩]等，疑武陵所出来自此区域。

10. 壶形尊

仅发现1例，类似器在昆明羊甫头M316、昆明羊甫头M96、昆明羊甫头M88[⑪]、昭通白泥井[⑫]、兴义M8[⑬]、安顺宁谷大寨村[⑭]、遵义乐山[⑮]、宜宾兴文古宋[⑯]均有出土，属朱提堂狼一带制作。

---

① 湖南省文物考古研究所：《湖南古墓与古窑址》，岳麓书社，2004年，第134页。

② 湖南省郴州地区文物工作队：《湖南郴州汉墓清理简报》，《考古》1985年第8期。

③ 湖南省博物馆、湖南省文物考古研究所：《湖南资兴西汉墓》，《考古学报》1995年第4期。

④ 湖南省博物馆、湖南省文物考古研究所：《湖南资兴西汉墓》，《考古学报》1995年第4期。

⑤ 湖南省博物馆：《长沙汤家岭西汉墓清理报告》，《考古》1966年第4期。

⑥ 郴州市文物事业管理处：《郴州馆藏文物精品图录》，中国文史出版社，2010年，第75页。

⑦ 张正宁：《西昌出土东汉永和元年铭文双鱼洗》，《四川文物》1993年第4期。

⑧ 贵州省博物馆：《贵州清镇平坝汉至宋墓发掘简报》，《考古》1961年第4期。

⑨ 贵州省博物馆考古组：《贵州兴义、兴仁汉墓》，《文物》1979年第5期。

⑩ 贵州省文物考古研究所：《贵州兴仁县交乐十九号汉墓》，《考古》2004年第3期。

⑪ 云南省文物考古研究所、昆明市博物馆、官渡区博物馆：《昆明羊甫头墓地》（卷三），科学出版社，2005年，第785、782、792页。

⑫ 曹吟葵：《云南昭通县白泥井发现东汉墓》，《考古》1965年第2期。

⑬ 贵州省博物馆考古组：《贵州兴义、兴仁汉墓》，《文物》1979年第5期。

⑭ 贵州省博物馆：《贵州安顺宁谷发现东汉墓》，《考古》1972年第2期。

⑮ 张合荣：《夜郎青铜文明探微——贵州战国秦汉时期青铜器研究》，上海古籍出版社，2018年，第13页。

⑯ 张合荣：《夜郎青铜文明探微——贵州战国秦汉时期青铜器研究》，上海古籍出版社，2018年，第13页。

11. 鐎壶

2例，类似鐎壶大量发现于湘中、湘南一带，如南岳万福村M1[①]、郴州飞机坪M1[②]、茶陵故城M3、茶陵故城M2[③]、攸县皇图岭[④]、益阳赫山庙M17[⑤]等。武陵境内所出疑与湘中等邻近地区输入有关。

12. 銗

仅1例，类似器在巫山胡家包M16[⑥]、巫山麦沱M47[⑦]、巫山土城坡M46、巫山土城坡M50、巫山土城坡M16、巫山土城坡M41[⑧]、巫山下西坪M14[⑨]、巫山龙门口M2[⑩]、万州大坪M37[⑪]等有出土，推断为峡江地区输入。

---

① 衡阳市文物工作队：《湖南南岳万福村东汉墓》，《考古》1992年第5期。

② 罗胜强：《湖南郴州飞机坪东汉砖室墓》，《中国国家博物馆馆刊》2012年第10期。

③ 黄阳秋：《茶陵故城汉墓发掘报告》，陈建明主编：《湖南省博物馆馆刊》（第四辑），岳麓书社，2007年，第134页。

④ 株洲市文物局、株洲市博物馆：《湖南省株洲市攸县皇图岭镇鹅形岭东汉墓群》，陈建明主编：《湖南省博物馆馆刊》（第十一辑），岳麓书社，2015年，第158页。

⑤ 湖南省博物馆、益阳县文化馆：《湖南益阳战国两汉墓》，《考古学报》1981年第4期。

⑥ 武汉市文物考古研究所、巫山县文物管理所：《巫山胡家包墓地2003年度发掘简报》，重庆市文物局、重庆市水利局：《重庆库区考古报告集》（2003卷·四），科学出版社，2019年，第2751页。

⑦ 重庆市文物局、重庆市移民局：《巫山麦沱墓地》，科学出版社，2018年，第179页。

⑧ 武汉市考古研究所、巫山县文物管理所：《重庆巫山土城坡墓地2006年度发掘简报》，《四川文物》2008年第3期；武汉市文物考古研究所、巫山县文物管理所：《重庆巫山土城坡墓地Ⅲ区东汉墓葬发掘报告》，《江汉考古》2008年第1期；武汉市文物考古研究所、巫山县文物管理所：《重庆巫山土城坡墓地2004年发掘简报》，《江汉考古》2009年第2期。

⑨ 湖南省文物考古研究所、湖南省怀化市文物事业管理处、重庆市文物局、巫山县文物管理所：《巫山下西坪古墓群勘探发掘报告》，重庆市文物局、重庆市移民局：《重庆库区考古报告》（2001卷·上），科学出版社，2007年，第235页。

⑩ 南京博物院考古研究所、巫山县文物管理所：《巫山龙门口墓群2003年度发掘简报》，重庆市文物局、重庆市水利局：《重庆库区考古报告集》（2003卷·四），科学出版社，2019年，第2844页。

⑪ 重庆市文物局、重庆市移民局：《万州大坪墓地》，科学出版社，2006年，第132页。

三、构成特征

若此，武陵山区窖藏铜器的来源构成如下。

甲类：本地制作。有扁钟（汉代）、钲（乙）、錞于［乙（汉代）、丙］、圆壶、洗（柿蒂纹、“富贵昌宜侯王”“宜侯王”之类吉语、甲类和乙类鱼纹）、盘（鱼纹）。

乙类：境外流入。

（1）战国中晚期

1）楚地。钲（甲、丙）、扁钟（东周时期）。

2）楚越。錞于（甲）。

（2）汉代

1）湖湘地区。有鏂Ⅰ式、鐎壶。

2）朱提堂狼。有洗（咸丰合丰、吉首后头溪所出）、壶形尊和鏂Ⅱ式、釜（鹭鸟+鱼纹）。

3）蜀郡。有洗（麒麟、凤鸟；凤鸟）、盘（鼎纹）。

4）峡江。有鋗、钫（疑似，由于材料未公布而无法进行观察确定）。

丙类：武陵和西南共有器，仅依赖器形而无法准确推定。有鍪、釜。

可见，武陵山区窖藏铜器主要由本土和传统的西南两地因素构成，其中本土制作的数量不少。但是也必须看到，西南所占份量不低，尤其以朱提堂狼和蜀郡为甚，其对当地铜器制造造型的影响甚大，若无题铭或装饰纹样，很难区分归属为输入还是仿制。境外大批器物的流入和当地的模仿制造，反映出武陵境内与外地人员交往和物质流通的紧密关系。

第三章　窖藏的时空分布

器类的时代在第二章中有论述，据此可推断铜器窖藏的大致时代。必须注意的是，器物的时代并不完全反映出窖藏的时代，因为铜器可以重复和延续使用。因此，窖藏的埋藏时代应该要晚于器物时代。

一、时代特征

各窖藏的时代列表如下（表一一）。

表一一　窖藏时代

窖藏地点		所出器类	时代	备注
龙山	洗车河镇洗车河	錞于1	时代不明	图未公布
	召市镇招头寨村	錞于1（乙Ⅲ）	东汉中晚期	
	民安街道红星村	錞于1（丙）	东汉中晚期	
	洗车河镇齐心村	扁钟1、洗1	东汉中晚期	图未公布
	龙头镇	鏂1	东汉中晚期	图未公布
	红岩溪镇统西村青龙嘴	圆壶3	东汉中晚期	图未公布
	红岩溪镇（1986年）	扁钟1、圆壶1	东汉中晚期	图未公布
	红岩溪镇（1988年）	圆壶1	东汉中晚期	图未公布
	里耶镇湾谭	洗1、圆壶1	东汉中晚期	图未公布
	农车镇花桥村	錞于1（乙Ⅲ）	东汉中晚期	
永顺	灵溪镇鲁纳村	錞于4、圆壶2、钫1	东汉中晚期	图未公布
	灵溪镇泽子溪村	盆1	东汉中晚期	图未公布
	芙蓉镇青龙阁	錞于1	时代不明	图未公布

续表

窖藏地点		所出器类	时代	备注
保靖	迁陵镇西水场	扁钟1	时代不明	图未公布
	迁陵镇四方城村	扁钟1	时代不明	图未公布
	迁陵镇月坡社区龙马嘴	圆壶4、五铢	东汉中晚期	图未公布
	毛沟镇多乐村	鍪（Ⅰ1、Ⅱ4、残3）、釜（甲1）、盆1、洗（第壹类4、第贰类甲Ⅱ1、残4）	东汉中晚期	
	迁陵镇龚家湾村	錞于1（乙Ⅲ）	东汉中晚期	
	清水坪镇大坝村	扁钟1（乙Ⅰ）、鐎壶1、洗2（第贰类甲Ⅱ）、釜1（乙）	东汉中晚期	
	毛沟镇白坪村	錞于1（乙Ⅰ）	战国晚期	
	毛沟镇	錞于1（乙Ⅰ）	战国晚期	
	碗米坡镇上家村	圆壶1（乙）、洗1	东汉中晚期	图未公布
	清水坪镇魏家村	錞于1	不详	图未公布
花垣	龙潭镇大坪村	洗14、釜3	东汉中晚期	图未公布
	花垣镇凉水井村	釜1（甲）、鍪3（Ⅱ）、盆3、洗5（第壹类1、第贰类甲Ⅰ3、第贰类甲Ⅱ1）、扁钟1（乙Ⅰ）、钲1（乙）、錋1（Ⅰ）、鐎壶1	东汉中晚期	
	花垣镇	錞于1、洗5	东汉中晚期	图未公布
	花垣镇浮桥社区	錞于1、扁钟1	不明	图未公布
	花垣镇长兴村杨家寨	釜2、洗4	东汉中晚期	图未公布
	龙潭镇金溶村	鍪2、釜2、洗4	东汉中晚期	图未公布
	花垣镇浮桥社区	錞于1、钲1	不明	图未公布
	石栏镇	盆2、鐎斗1、錞于1	不明	图未公布
	吉卫镇排达村	錋1、圆壶1、洗2	东汉中晚期	图未公布
	大河坪乡	12件铜器	不明	图未公布
	花垣镇兴农园小区	洗10（第贰类甲Ⅱ）、盆4、鍪2（Ⅱ）	东汉中晚期	图未公布
古丈	红石林镇河西村	圆壶3（乙）、洗1（第贰类甲Ⅱ）	东汉中晚期	
	古阳镇达沙村	圆壶1	东汉中晚期	图未公布
吉首	河溪镇永固村	洗2	东汉中晚期	图未公布
	镇溪街道大田湾村	洗1（第贰类甲Ⅰ）、圆壶1（乙）和扁钟2（甲、乙Ⅰ）	东汉中晚期	
	乾州纱厂	盆1、洗2、圆壶1	东汉中晚期	图未公布
	马颈坳镇	釜1	东汉中晚期	图未公布
	吉凤街道双合村	錞于4（乙Ⅲ）、圆壶1（乙）	东汉中晚期	

续表

窖藏地点		所出器类	时代	备注
吉首	河溪镇岩排村后头溪	錞于2（乙Ⅲ）、圆壶1（乙）、洗2（第贰类甲Ⅰ、Ⅱ）、鍪3（Ⅱ）	东汉中晚期	
	镇溪街道石家冲社区漆树湾	錞于2（乙Ⅲ）、扁钟1（甲）、鍪1（Ⅱ）、洗1（第贰类甲Ⅱ）	东汉中晚期	
	吉首市区振武营	洗1、鍪1、盘1、扁钟1	东汉中晚期	图未公布
凤凰	竿子坪镇牯牛坪村（1976年）	壶3、钲2（乙）、五铢	东汉中晚期	仅钲公布
	竿子坪镇牯牛坪村（1985年）	錞于1	不明	图未公布
	阿拉营镇西牛村	釜1、洗1	东汉中晚期	图未公布
	千工坪镇岩六屯村	錞于1（乙Ⅱ）、扁钟1、盆1、釜1	东汉中晚期	仅錞于公布
	阿拉营镇黄合社区	錞于2（乙Ⅱ）、鸭嘴兽首壶（？）1	东汉中晚期	仅錞于公布
泸溪	潭溪镇	洗6	东汉中晚期	图未公布
	潭溪镇大陂流村	錞于2（甲）、钲10（甲）、扁钟6（甲）	战国中晚期	
	潭溪镇小灵	洗1	东汉中晚期	图未公布
靖州	渠阳镇春明村断桥	錞于1（甲）	战国中晚期	
安化	马路镇江溪村茶场	圆壶2（乙）、洗6（第贰类甲Ⅱ）、錞于1（乙Ⅲ）	东汉中晚期	
石门	磨市镇俄公山	錞于1（乙Ⅲ）、圆壶1（乙）	东汉中晚期	
	新关镇安乐桥村熊家岗	錞于15（乙Ⅱ、Ⅲ）、盆1	东汉中晚期	
	易家渡镇太子坡村	錞于1（乙Ⅰ）	战国晚期至西汉或东汉早期	
	雁池乡金盆村	錞于2（乙Ⅱ）	战国晚期至西汉或东汉早期	
慈利	赵家岗乡三合村蒋家坪	錞于（乙Ⅰ1）	战国晚期	
	零阳镇长见村化子坡	錞于1（乙Ⅲ）	东汉中晚期	
桃源	西安镇大池塘村	圆壶7（乙）、盘1、鏂1（Ⅰ）、扁钟1（甲）、钫1、洗11（第贰类甲Ⅱ、丙）	东汉中晚期	
	热市镇刘坪村	圆壶1（乙）、洗1（第贰类甲Ⅱ）	东汉中晚期	
	夷望溪镇竹园村	鏂2（Ⅱ）、扁钟1（甲）、洗4（第贰类甲Ⅰ、Ⅱ，第贰类丙）、盘1、鐎壶1、圆壶4（甲1、乙3）	东汉中晚期	
张家界	教字垭镇朝天山村熊家岗	錞于1（乙Ⅱ）、硬陶罐、五铢、货泉	西汉末东汉早期	
沅陵	沅陵镇丁家庙村白寺	錞于1	不详	图未公布
宜昌	土城乡三岔口村	鍪4（Ⅱ）、洗4（第贰类甲Ⅱ）、錞于1（乙Ⅲ）、钺1、铫1、盘1、钱币	东汉末三国	

续表

窖藏地点		所出器类	时代	备注
长阳	鸭子口乡千渔坪村	錞于（乙Ⅱ1）	战国晚期至西汉或东汉早期	
	榔坪镇榔坪村	洗4（第壹类、第贰类甲Ⅱ）	东汉中晚期	
	贺家坪镇春潮六队	錞于1（乙Ⅱ）、钲1	战国晚期至西汉或东汉早期	錞于公布图
	渔峡口镇回龙坳村	扁钟（乙Ⅱ1）	东汉中晚期	
	都镇湾镇十五溪村青家坡	釜1（甲）	东汉中晚期	
	榔坪镇关口垭村	鍪1（Ⅱ）	东汉中晚期	
	榔坪镇渠安头村	扁钟1（乙Ⅱ）	东汉中晚期	
	榔坪镇杨林头	錞于（乙Ⅱ1）	战国晚期至西汉或东汉早期	
	磨市镇渔泉村	錞于（乙Ⅱ1）	战国晚期至西汉或东汉早期	
	城关三里店	錞于（乙Ⅱ1）	战国晚期至西汉或东汉早期	
咸丰	活龙坪乡缘化村断桥湾	扁钟1（乙Ⅱ）	东汉中晚期	
	黄金洞乡黄金洞村	扁钟2	不明	图未公布
	黄金洞乡黄金洞村岩窝	扁钟2	不明	图未公布
	坪坝营镇合丰	洗1（第贰类甲Ⅱ）、钱币	东汉中晚期	
	高乐山镇白水坝村	扁钟1（甲）	战国中晚期至西汉	图未公布
	高乐山镇	扁钟（甲）	战国晚期至西汉或东汉早期	
	朝阳寺镇水井朝村马鞍山	扁钟1（甲）	战国晚期至西汉或东汉早期	
	清坪镇南家沟村	洗1（第贰类甲Ⅱ）、釜1（甲）	东汉中晚期	
	曲江镇春光村	鍪1（Ⅱ）	东汉中晚期	
	坪坝营镇墨池寺村	錞于1（乙Ⅲ）、洗1（第贰类甲Ⅱ）	东汉中晚期	
来凤	翔凤镇接龙桥村	釜1、洗1	东汉中晚期	图未公布
	翔凤镇红岩堡村	扁钟1	不明	图未公布
	翔凤镇沿山坝村	洗2	东汉中晚期	图未公布
	翔凤镇东大坪村	扁钟1（乙Ⅱ）、洗1	东汉中晚期	扁钟公布
	百福司镇河东村	圆壶1	东汉中晚期	图未公布

续表

窖藏地点		所出器类	时代	备注
利川	忠路镇	錞于（乙Ⅱ1）	战国晚期至西汉或东汉早期	
	建南镇箭竹溪村（1976年）	洗1（第贰类甲Ⅰ）	东汉中晚期	
	谋道镇蚂蟥村	扁钟1（乙Ⅱ）	东汉中晚期	
	谋道镇四合村	扁钟1（甲）	战国晚期至西汉或东汉早期	
	建南镇箭竹溪村（1984年）	鍪1（Ⅱ）	东汉中晚期	
	凉雾乡花梨岭村	錞于1（乙Ⅱ）	战国晚期至西汉或东汉早期	
	建南镇（1984年）	釜1（甲）	东汉中晚期	
	建南镇（1986年）	錞于1	不明	图未公布
建始	官店镇白沙村	錞于（乙Ⅱ1）	战国晚期至西汉或东汉早期	
	高坪镇望坪村	錞于1	不明	图未公布
	红岩寺镇河水坪村	錞于1（乙Ⅱ）	战国晚期至西汉或东汉早期	
	业州镇罗家坝村	扁钟2（乙Ⅱ）、钲（丙1）	东汉中晚期	
	景阳镇革塘坝村	錞于1（乙Ⅱ）、圆壶1（乙）	东汉中晚期	
	茅田乡阳坡村	扁钟（乙Ⅱ1）	东汉中晚期	
	长梁镇子母塘村	扁钟1（乙Ⅱ）	东汉中晚期	
	高坪镇反洼坡	錞于（甲1）	战国中晚期	
	官店镇刘家地村	釜1、水晶等器类共154件	东汉中晚期	图未公布
	长梁镇盛竹坝	扁钟1（乙Ⅱ）	东汉中晚期	
	景阳镇高燎村	钲1	不明	图未公布
	长梁镇三块碑村	扁钟1（乙Ⅱ）	东汉中晚期	
	城郊	扁钟1（乙Ⅱ）	东汉中晚期	
	苏坪村	扁钟（乙Ⅱ1）	东汉中晚期	
巴东	沿渡河镇三岔村	扁钟2（乙Ⅱ）、钱币	东汉中晚期	
	清太坪镇白沙坪村	錞于1（乙Ⅱ）	战国晚期至西汉或东汉早期	
	大支坪镇水谷坝村	錞于1（乙Ⅲ）	东汉中晚期	
	大支坪镇野三河大桥上野三坝村	錞于1（乙Ⅱ）	战国晚期至西汉或东汉早期	

续表

窖藏地点		所出器类	时代	备注
巴东	官渡口镇火峰村	圆壶（乙）、洗（第贰类甲Ⅱ）、钫、鍪（Ⅱ）、釜（甲）、扁钟（乙Ⅱ）	东汉中晚期	数量不明
	大支坪镇连三坡村	扁钟6（乙Ⅱ）、鍪1（Ⅱ）	东汉中晚期	
	大支坪镇耀英坪村	扁钟1（乙Ⅱ）	东汉中晚期	
恩施	新塘镇	錞于1（乙Ⅲ）	东汉中晚期	
	屯堡乡大树村	錞于1（乙Ⅱ）	战国晚期至西汉或东汉早期	
	屯堡乡杨家山村龙王塘	扁钟1	不明	图未公布
	白杨坪镇熊家岩村	洗1、扁钟1	东汉中晚期	图未公布
	小渡船街道大龙潭村	洗1（第贰类甲Ⅰ）	东汉中晚期	
	恩施市	洗（第贰类甲Ⅰ1）	东汉中晚期	
	屯堡乡半云庵村	钲1（甲）	战国中晚期	
	三岔镇石心河	錞于1	不明	图未公布
	小渡船街道大龙潭小村	扁钟1（乙Ⅱ）	东汉中晚期	
	小渡船街道旗峰坝小村	扁钟1	不明	图未公布
	白杨坪镇麻竹园村	扁钟1（乙Ⅱ）	东汉中晚期	
	白杨坪镇熊家岩	扁钟（乙Ⅱ1）	东汉中晚期	
	盛家坝乡大集村	鍪1（Ⅱ）	东汉中晚期	
	白果乡金龙坝村	扁钟2（乙Ⅱ）、洗、圆壶4（乙）、銗1、壶形尊1	东汉中晚期	部分器类数量不详，图未公布
	屯堡乡	扁钟1	不明	图未公布
	屯堡乡林家湾	洗1（第贰类甲Ⅰ）	东汉中晚期	
	崔家坝镇向家湾	錞于1（乙Ⅲ）	东汉中晚期	
鹤峰	城关鸡公洞	錞于1（乙Ⅲ）	东汉中晚期	
	县城新华书店基建工地	錞于1（乙Ⅲ）	东汉中晚期	
	中营镇姜家坡村	扁钟1（乙Ⅱ）	东汉中晚期	
宣恩	椒园镇	錞于	不明	图未公布
	椒园镇三河沟村	錞于1（乙Ⅲ）	东汉中晚期	
五峰	长乐坪镇洞口村	扁钟1（乙Ⅱ）	东汉中晚期	
	长乐坪镇莲花岩村（1980年）	錞于（乙Ⅱ1）	战国晚期至西汉或东汉早期	
	长乐坪镇莲花岩村（1984年）	錞于1	不明	图未公布

续表

窖藏地点		所出器类	时代	备注
秭归	杨林桥镇下马台村	錞于4（乙Ⅲ）、釜1（甲）	东汉中晚期	
	水田坝乡马营村	錞于（乙Ⅲ1）	东汉中晚期	
彭水	郁山镇	扁钟1	不明	图未公布
	石堤镇	扁钟1	不明	图未公布
	黄家镇猴里村	錞于1（乙Ⅲ）、扁钟3（甲）	东汉中晚期	
黔江	冯家街道白泉村	錞于1（乙Ⅱ）	西汉	
	舟白街道寨坡村	钲1（甲）	战国晚期	
	石家镇高石村	钲1（甲）	战国晚期	
	濯水镇张家村	扁钟2（甲）	战国晚期	
松桃	木树镇	錞于5（乙Ⅰ1、乙Ⅱ1、乙Ⅲ2，另1件残）、钲1（残）、扁钟1（残）	东汉中晚期	
铜仁	滑石乡	錞于1	不详	图未公布
施秉	黄磷厂职工宿舍基建工地	扁钟2	不详	图未公布
正安	杨兴镇上湾	扁钟1	不详	图未公布
	小雅镇	錞于1（乙Ⅲ）	东汉中晚期	
务川	镇南镇马蹄塘	洗2（第贰类甲Ⅰ）、扁钟1（甲）	东汉中晚期	

注：《丹兴遗珍——重庆市黔江区第一次全国可移动文物普查成果专辑》收录了1件錞于、2件鍪、2件壶、2件钟、2件洗，出土地点不明，很可能为窖藏所出。湖南博物院、湘西州博物馆、恩施州博物馆等藏大量錞于和圆壶、洗、釜之类亦然。此外，表格中的数字均代表件数

在第一章中，所出器物根据组合的差异大致划分为以下类别。

甲类：纯响（乐）器组合，如錞于、钲、扁钟。

乙类：纯日用生活器组合，如釜、鍪、洗、圆壶、钱币之类。

丙类：响（乐）器+日用生活器组合，如錞于和洗等。

其中各类别可细分小类如下：

（1）甲类

甲1类。钲。

甲2类。扁钟。

甲3类。錞于。

甲4类。混合型。具体组合如下：

A. 扁钟+錞于+钲。

B. 錞于+扁钟。

C. 扁钟+钲。

D. 錞于+钲。

（2）乙类

（3）丙类

丙1类：扁钟+日用生活器。

丙2类：錞于+日用生活器。

丙3类：錞于+扁钟+日用生活器。

丙4类：钲+日用生活器。

丙5类：扁钟+钲+日用生活器。

可组合类别的时代如下：

甲1类。除了1例未公布图时代不明外，3例均属战国中晚期。

甲2类。12例未公布图时代不明，战国晚期的1例，战国晚期至西汉或东汉早期阶段的4例，其余16例为东汉中晚期阶段。

甲3类。11例未公布图时代不明，5例属战国中晚期，15例为战国晚期至西汉或东汉早期，13例为东汉中晚期。

甲4A类。1例为东汉中晚期，1例为战国中晚期。

甲4B类。1例为东汉中晚期，1例时代不明。

甲4C类。1例，时代为东汉中晚期。

甲4D类。1例为战国晚期至西汉或东汉早期，1例时代不明。

乙类和丙类。除了丙2类有1例属西汉至东汉早期、1例时代不明外，其余时代均为东汉中晚期。

因此，排除未公布图而时代不明的27例外，10例属战国中晚期，21例属战国晚期至西汉或东汉早期，101例为东汉中晚期。

由此可见，武陵境内的窖藏出现在战国中晚期阶段，而盛行于东汉中晚期。

不同阶段的器物组合构成如下：

（1）战国中晚期阶段

甲1类（钲），3例；

甲2类（扁钟），1例；

甲3类（錞于），5例；

甲4A类（扁钟+錞于+钲），1例。

可见，主要为钲、錞于组合。

（2）战国晚期至西汉或东汉早期阶段

甲2类（扁钟），4例；

甲3类（錞于），15例；

甲4D类（錞于+钲），1例；

丙2类（錞于+日用生活器），1例。

不难发现，錞于组合占据主导。

（3）东汉中晚期

甲2类（扁钟），16例；

甲3类（錞于），13例；

甲4A类（扁钟+錞于+钲），1例；

甲4B类（錞于+扁钟），1例；

甲4C类（扁钟+钲），1例；

乙类，39例；

丙1类（扁钟+日用生活器），14例；

丙2类（錞于+日用生活器），12例；

丙3类（錞于+扁钟+日用生活器），2例；

丙4类（钲+日用生活器），1例；

丙5类（扁钟+钲+日用生活器），1例。

无疑，日用生活器组合占据主导，扁钟、錞于、扁钟+日用生活器、錞于+日用生活器组合也占据较大比重。

综上所述，组合构成以两汉之际变化最大：战国中晚期至西汉或东汉早期阶段，均为响（乐）器；而进入东汉中晚期，组合由日用生活器组合、响（乐）器组合、响（乐）器+日用生活器组合瓜分。其中，钲组合主要出现在战国中晚期阶段；扁钟组合出现在战国中晚期阶段，在东汉时期盛行；錞于组合出现在战国中晚期，在汉代一直流行。

二、不同阶段的分布

不同阶段，区域分布发生哪些变化？

（一）战国中晚期

分布如下（表一二）：

表一二　战国中晚期的窖藏及其出土器物

窖藏地点		所出器类
保靖	毛沟镇	錞于1（乙Ⅰ）
	白坪	錞于1（乙Ⅰ）
泸溪	大陂流	錞于2（甲）、钲10（甲）、扁钟6（甲）
靖州	春明村断桥	錞于1（甲）
慈利	蒋家坪	錞于（乙Ⅰ1）
建始	反洼坡	錞于（甲1）
恩施	半云庵	钲1（甲）
黔江	寨坡	钲1（甲）
	高石	钲1（甲）
	张家	扁钟2（甲）

注：表格中的数字代表件数

（二）战国晚期至西汉或东汉早期

分布如下（表一三）：

表一三　战国晚期至西汉或东汉早期的窖藏及其出土器物

窖藏地点		所出器类
石门	太子坡	錞于1（乙Ⅰ）
	金盆	錞于2（乙Ⅱ）
张家界	熊家岗	錞于1（乙Ⅱ）、硬陶罐、五铢、货泉
长阳	千渔坪	錞于（乙Ⅱ1）
	城关三里店	錞于（乙Ⅱ1）
	春潮六队	錞于1（乙Ⅱ）、钲1
	杨林头	錞于（乙Ⅱ1）
	渔泉	錞于（乙Ⅱ1）
咸丰	白水坝	扁钟1（甲）
	高乐山镇	扁钟（甲）
	水井朝马鞍山	扁钟1（甲）

续表

窖藏地点		所出器类
利川	忠路镇	錞于（乙Ⅱ1）
	四合	扁钟1（甲）
	花梨岭	錞于1（乙Ⅱ）
建始	白沙村	錞于（乙Ⅱ1）
	河水坪	錞于1（乙Ⅱ）
巴东	野三河大桥上野三坝	錞于1（乙Ⅱ）
	白沙坪	錞于1（乙Ⅱ）
恩施	屯堡大树	錞于1（乙Ⅱ）
五峰	莲花岩	錞于（乙Ⅱ1）
黔江	白泉	錞于1（乙Ⅱ）

注：表格中的数字代表件数

（三）东汉中晚期

如下表所示（表一四）。

表一四　东汉中晚期的窖藏及其出土器物

窖藏地点		所出器类
龙山	招头寨	錞于1（乙Ⅲ）
	红星	錞于1（丙）
	齐心	扁钟1、洗1
	龙头镇	鏂1
	青龙嘴	圆壶3
	红岩溪镇（1986年）	扁钟1、圆壶1
	红岩溪镇（1988年）	圆壶1
	湾谭	洗1、圆壶1
	花桥	錞于1（乙Ⅲ）
永顺	鲁纳	錞于4、圆壶2、钫1
	泽子溪	盆1

续表

窖藏地点		所出器类
保靖	龙马嘴	圆壶4、五铢
	多乐	鍪（Ⅰ1、Ⅱ4、残3）、釜（甲1）、盆1、洗（第壹类4、第贰类甲Ⅱ1、残4）
	龚家湾	錞于1（乙Ⅲ）
	大坝	扁钟1（乙Ⅰ）、鐎壶1、洗2（第贰类甲Ⅱ）、釜1（乙）
	上家	圆壶1（乙）、洗1
花垣	大坪	洗14、釜3
	凉水井	釜1（甲）、鍪3（Ⅱ）、盆3、洗5（第壹类1、第贰类甲Ⅰ3、第贰类甲Ⅱ1）、扁钟1（乙Ⅰ）、钲1（乙）、鏂1（Ⅰ）、鐎壶1
	花垣镇	錞于1、洗5
	杨家寨	釜2、洗4
	金溶	鍪2、釜2、洗4
	排达	鏂1、圆壶1、洗2
	兴农园小区	洗10（第贰类甲Ⅱ）、盆4、鍪2（Ⅱ）
古丈	河西	壶3（乙）、洗1（第贰类甲Ⅱ）
	达沙	壶1
吉首	永固	洗2
	大田湾	洗1（第贰类甲Ⅰ）、圆壶1（乙）和扁钟2（甲、乙Ⅰ）
	乾州纱厂	盆1、洗2、圆壶1
	马颈坳镇	釜1
	双合	錞于4（乙Ⅲ）、圆壶1（乙）
	后头溪	錞于2（乙Ⅲ）、圆壶1（乙）、洗2（第贰类甲Ⅰ、Ⅱ）、鍪3（Ⅱ）
	石家冲漆树湾	錞于2（乙Ⅲ）、扁钟1（甲）、鍪1（Ⅱ）、洗1（第贰类甲Ⅱ）
	振武营	洗1、鍪1、盘1、扁钟1
凤凰	牯牛坪（1976年）	壶3、钲2（乙）、五铢
	西牛	釜1、洗1
	岩六屯	錞于1（乙Ⅱ）、扁钟1、盆1、釜1
	黄合社区	錞于2（乙Ⅱ）、鸭嘴兽首壶（？）1
泸溪	潭溪镇	洗6
	小灵	洗1
安化	江溪村茶场	圆壶2（乙）、洗6（第贰类甲Ⅱ）、錞于1（乙Ⅲ）
石门	俄公山	錞于1（乙Ⅲ）、圆壶1（乙）
	熊家岗	錞于15（乙Ⅱ、Ⅲ，具体数量无法统计）、盆1
慈利	化子坡	錞于1（乙Ⅲ）

续表

窖藏地点		所出器类
桃源	大池塘	圆壶7（乙）、盘1、錍1（Ⅰ）、扁钟1（甲）、钫1、洗11（第贰类甲Ⅱ、丙）
	刘坪	圆壶1（乙）、洗1（第贰类甲Ⅱ）
	竹园	錍2（Ⅱ）、扁钟1（甲）、洗4（第贰类甲Ⅰ、Ⅱ，第贰类丙）、盘1、鐎壶1、圆壶4（甲1、乙3）
宜昌	三岔口	鍪4（Ⅱ）、洗4（第贰类甲Ⅱ）、錞于1（乙Ⅲ）、钺1、铫1、盘1、钱币
长阳	渠安头	扁钟1（乙Ⅱ）
	榔坪	洗4（第壹类、第贰类甲Ⅱ，具体数量无法观察）
	关口垭	鍪1（Ⅱ）
	回龙坳	扁钟（乙Ⅱ1）
	青家坡	釜1（甲）
咸丰	缘化村断桥湾	扁钟1（乙Ⅱ）
	合丰	洗1（第贰类甲Ⅱ）、钱币
	南家沟	洗1（第贰类甲Ⅱ）、釜1（甲）
	春光	鍪1（Ⅱ）
	墨池寺	錞于1（乙Ⅲ）、洗1（第贰类甲Ⅱ）
来凤	接龙桥	釜1、洗1
	沿山坝	洗2
	东大坪	扁钟1（乙Ⅱ）、洗1
	河东	圆壶1
利川	箭竹溪（1984年）	鍪1（Ⅱ）
	箭竹溪（1976年）	洗1（第贰类甲Ⅰ）
	蚂蟥	扁钟1（乙Ⅱ）
	建南（1984年）	釜1（甲）
建始	城郊	扁钟1（乙Ⅱ）
	苏坪	扁钟（乙Ⅱ1）
	罗家坝	扁钟2（乙Ⅱ）、钲（丙1）
	革塘坝	錞于1（乙Ⅱ）、圆壶1（乙）
	阳坡	扁钟（乙Ⅱ1）
	子母塘	扁钟1（乙Ⅱ）
	刘家垉	釜1、水晶等器类共154件
	盛竹坝	扁钟1（乙Ⅱ）
	三块碑	扁钟1（乙Ⅱ）

续表

窖藏地点		所出器类
巴东	三岔	扁钟2（乙Ⅱ）、钱币
	水谷坝	錞于1（乙Ⅲ）
	火峰	圆壶（乙）、洗（第贰类甲Ⅱ）、钫、鍪（Ⅱ）、釜（甲）、扁钟（乙Ⅱ）
	连三坡	扁钟6（乙Ⅱ）、鍪1（Ⅱ）
	耀英坪	扁钟1（乙Ⅱ）
恩施	向家湾	錞于1（乙Ⅲ）
	新塘	錞于1（乙Ⅲ）
	熊家岩	洗1、扁钟1
	大龙潭	洗1（第贰类甲Ⅰ）
	恩施市区	洗（第贰类甲Ⅰ1）
	大龙潭小村	扁钟1（乙Ⅱ）
	麻竹园	扁钟1（乙Ⅱ）
	熊家岩	扁钟（乙Ⅱ1）
	大集	鍪1（Ⅱ）
	金龙坝	扁钟2（乙Ⅱ）、洗、圆壶4（乙）、鋗1、壶形尊1
	林家湾	洗1（第贰类甲Ⅰ）
鹤峰	城关鸡公洞	錞于1（乙Ⅲ）
	县城新华书店基建工地	錞于1（乙Ⅲ）
	姜家坡	扁钟1（乙Ⅱ）
宣恩	三河沟	錞于1（乙Ⅲ）
五峰	洞口	扁钟1（乙Ⅱ）
秭归	下马台	錞于4（乙Ⅲ）、釜1（甲）
	马营	錞于（乙Ⅲ1）
彭水	猴里	錞于1（乙Ⅲ）、扁钟3（甲）
松桃	木树镇	錞于5（乙Ⅰ1、乙Ⅱ1、乙Ⅲ2，另1件残）、钲1、扁钟1
正安	小雅镇	錞于1（乙Ⅲ）
务川	马蹄塘	洗2（第贰类甲Ⅰ）、扁钟1（甲）

注：表格中的数字代表件数

概要之，各阶段的分布特征如下：

战国中晚期阶段，零星分布在湘西、鄂西南和渝东南。

战国晚期至西汉或东汉早期阶段，分布重心在鄂西南，湘西和渝东南零星分布。

东汉中晚期，分布重心在湘西和鄂西南两地，黔东北也开始出现，而渝东南依然零星出现。此外，湘西、鄂西南两地也出现分布中心，湘西境内主要出现在龙山、保靖、吉首和花垣四地；鄂西南则主要出现在建始、恩施两地，咸丰、长阳、来凤、利川也有不少。

不难发现，各地所出差异较大。湘西地区，在战国中晚期至西汉阶段零星出现，东汉中晚期阶段迅猛发展；鄂西南地区，战国中晚期零星发现，战国晚期至西汉或东汉早期处于发展阶段，东汉中晚期阶段到达高峰；黔东北地区，仅东汉中晚期阶段出现；渝东南地区，从规模而言，战国中晚期较为兴盛，之后衰落。

上述窖藏地域分布的变化，很可能与铜器的来源有关。

上文可知，早期阶段的扁钟、钲、錞于与巴、楚、越关系密切，如钲甲类和丙类，与楚墓所出无别；錞于甲类，与楚、越类似，乙类Ⅰ、Ⅱ式不仅器形，而且装饰纹样亦与巴地所出一致；扁钟亦深受楚文化的影响。可见，钲、扁钟均源自楚地，后经本地继续制造的可能性较大。錞于在楚、越境内所出时代早，表明其同样也源自楚、越。从錞于的时代、分布和数量来看，武陵境内所出时代早且丰富，很可能巴蜀境内所出除了部分与楚有关外，其余可能为武陵境内所流出。

从早期铜器的分布来看，不同区域所出来源存在差异。

渝东南所出很可能与巴地有关；湘西、鄂西南所出或来自楚或越。进入西汉，境内可能制造，不排除制造地即在鄂西南，而湘西、渝东南所出为其流入。

东汉中晚期阶段，制造重心可能转移，湘西、鄂西南为两个中心。器类的构成差异即可为证，可列表如下（表一五）：

表一五　东汉中晚期湘西和鄂西南窖藏出土器物

器类	湘西	鄂西南
錞于（乙Ⅲ）	至少17①	13
扁钟（乙Ⅱ）	0	30
洗	98	22
釜	13	6
鍪	17	10
圆壶	41	4

注：表格中的数字代表件数

至于黔东北和渝东南所出几例，则当属上述制造地流通所致。

① 石门熊家岗所出无法统计，暂且统计1件。

第四章　窖藏的属性与人群

境内这些铜器窖藏缘何出现？背后的族群如何？对此有赖于对遗存的分析。

一、属　　性

对其属性的分析，以下几个方面提供了线索。

（1）窖藏多位于偏僻的山区或河谷，远离平原或城址。

石门俄公山窖藏，即位于海拔903.8米的山坡上。

龙山红星村窖藏，发现于大树下的天坑口。

龙山花桥窖藏，系当地农民在山脚下炸石修路所见。

慈利化子坡窖藏，缘自在山坡挖掘树兜所见。

古丈河西窖藏位于河边的峭壁上。

凤凰岩六屯窖藏位于高山包围的一石洼地。

恩施屯堡大树窖藏位于清江边。

鹤峰鸡公洞窖藏位于峡谷中。

建始景阳窖藏位于清江南岸高出河床200米的山坡上。

咸丰合丰窖藏位于房屋后面的山坡上。

（2）窖藏结构千差万别，形态多样。

部分利用天然洞穴，如古丈河西窖藏，系长3、宽2、深1米左右的天然石槽。

恩施金龙坝窖藏则属天然洞穴。

巴东大支坪窖藏为熔岩洞。

部分为人工挖掘形成土坑，如宜昌三岔口窖藏，窖藏平面呈椭圆形，长1.7、宽1、深0.8米左右；花垣大坪窖藏，为大小约2米×2米的土坑；永顺鲁纳窖藏，“底部为圆形，用树皮垫底”；部分则加盖石板，如秭归水田坝。

（3）部分窖藏的埋藏乃有意识而为。

石门熊家岗，“錞于分四层放置，第1～3层各4件，第4层3件，头尾穿插，再覆盖铜盆”。

花垣大坪窖藏，“出土洗14件（双鱼洗2件，单鱼洗1件）、釜3件，大套小置立叠放，上盖一大洗”。

巴东大支坪所出，6件扁钟分为2堆，每堆以2件并列竖放，其上拦腰横放1件。

综上所述，境内发现的铜器窖藏均位于远离人群聚集的平地或城址附近，或处于山坡，或被发现于河谷。从埋藏情境来看，出土器物较多的窖藏所出器物码放整齐。若此，其形成可基本排除逃避战乱等因素，因为若属逃避战乱，其发现应多位于人群生活聚集区而非均处于偏僻的山坡或河谷，且器物的摆放可能较为杂乱。

（4）埋藏的器类构成具有一定的特征。

由上文分析可知，窖藏器类大致为响（乐）器、日用生活器两类铜器，罕见其他材质和器类。这种构成显然属有意识和精心所为，应该排除逃避战乱所致。

（5）此外，器物的特性有明显的指向性。

响（乐）器不言而喻，自带乐舞或祭祀属性；日用器中，壶、洗、鋗、尊、鐎壶等酒器占据绝对比重，另有少量的鍪、釜之类的炊器和食器。

综上所述，武陵境内发现的窖藏遗存很可能与祭祀有关。

武陵境内祭祀窖藏的出现并非无迹可寻。商周时期此类遗存在武陵周边地区所出比比皆是，可略举例如下①。

1959年在宁乡老粮仓杏村湾师古寨一土坑中出土5件叠放的兽面纹铙。

1973年在宁乡三亩地一椭圆形坑内出土1件云纹铙，附近还出环、玦、虎、鱼等精美玉器。

1974年宁乡唐市陈家湾出土1件兽面纹铙。

1978年宁乡老粮仓北峰滩出2件兽面纹铙。

1983年宁乡月山铺转耳仑出土的1件象纹铙重达221.5千克，为南方地区迄今所见最大者。

1993年宁乡老粮仓师古寨又出土11件铙，除1件粗线条兽面纹铙单出外，另外1件兽面纹铙和9件乳钉纹铙分三层叠放在一个土坑中，9件乳钉纹铙大小相异而形制、纹饰相同。

---

① 资料均引自施劲松：《我国南方出土铜铙及甬钟研究》，《考古》1997年第10期。

据研究，“南方出土的二十三件铜铙，出于山顶、山坡、山麓的有湖南宁乡师古寨的五件、北峰滩二件、三亩地一件，还有湘乡金石、耒阳夏家山、望城高塘岭、江苏江宁、福建建瓯、江西新余市各一件。出于河岸湖边的有湖南岳阳湖滨和宁乡唐市的二件。这些铙大多数是单个出土，只有宁乡师古寨山顶一坑出五件。出土时几乎都是口朝上，甬在下，只有少数铙是平放或口朝下，距地表在 1 米以内，没有别的东西伴出。这些现象说明这些铜铙很可能是当时祭祀山川、湖泊、风雨、星辰等的遗物。还有湖南醴陵狮形山出土的商代象尊、宁乡月山铺出土的商代四羊方尊、湘潭金盆养鲤出土的商代豕尊等著名铜器出土时都属于同类情形”①。

有学者将湖南境内发现的商周时期祭祀遗存划分三类：纯青铜器祭祀；青铜器与玉器组合祭祀；多个青铜器组合祭祀，其摆放以铙中心②。

类似祭祀遗存最早可追寻至史前时期，如临近的大溪文化时期的巫山大水田遗址，“有少量可能与祭祀或者原始宗教仪式密切相关的遗存，如鱼骨坑（基本为鱼头骨不见椎骨）、狗坑（埋葬整只狗，位于墓葬人骨脚端）、毁器坑（坑底铺满破碎陶片经火焚烧，陶片多可拼合，可能为毁器，另发现大量黍）、器物坑（坑底摆放完整器物）等”③。

二、人　　群

从武陵境内的祭祀窖藏遗存处于山坡或位于河谷来看，祭祀的对象很可能与山川有关。若此，其行为反映出当地人群的狩猎和捕捞经济形态。这种混合型的经济形态乃是适应武陵境内山水相间自然环境的结果，也是南方地区山地族群的普遍状态，故类似的祭祀窖藏多发现于南方山地人群活动区域。

---

① 高至喜：《中国南方出土商周铜铙概论》，湖南省博物馆、湖南省考古学会合编：《湖南考古辑刊》（第二集），岳麓书社，1984年，第131页。

② 张煜珧：《夏商周祭祀遗存研究》，西北大学博士学位论文，2019年，第137页。

③ 重庆市文化遗产研究院、重庆文化遗产保护中心：《重庆三峡后续工作考古收获综述》，重庆市文化遗产研究院、重庆文化遗产保护中心：《重庆三峡后续工作考古出土文物图集》，科学出版社，2020年，第Ⅳ、Ⅴ页。

毫无疑问，战国秦汉时期武陵境内不乏“非铜器”祭祀坑遗存，不过鉴于其多分布在河道或山坡等非聚集区内，故很难被发现，上述铜器窖藏的发现经历均具有的偶然性便可为证。至于祭祀坑的埋藏器物由“非铜器”向铜器的转变，应该与时代的变化、经济的发展有关。

武陵境内窖藏遗存体现出山川祭祀和渔猎的生活形态，可知其背后的人群当与山地生活有关，而非生活在平地和城址的农耕民，其人群主体当属境内的武陵蛮夷。

此外，亦可从窖藏的分布范围进行观察。由上文可知，窖藏遗存的分布区域基本集中在湘西和鄂西南一带，与史书所载武陵蛮夷的活动范围基本重合。

另外，部分埋藏器物如錞于、钲、钟之类具有很强的地域性和人群指向性，即武陵境内的当地蛮夷，对此学界并无太大分歧。

需要说明的是，武陵蛮夷并非单一族群，所谓的“武陵蛮”乃基于地域的称呼，其来源固然多样，且在后期的发展过程中亦容易产生分化和差异。从窖藏的分布和组合差异来看，武陵蛮夷按区域可细划分为以下人群：

渝东南和黔东北一带，主要集中在乌江的右岸。其文化属性多与巴地接近，窖藏背后的人群很可能为巴人或者濮人。

武陵山区的核心区，即湘西北部，人群即文献所载武陵蛮中的五溪蛮[①]，后来发展形成黔阳蛮[②]。

---

① 《后汉书》卷二四《马援列传》载，“二十四年，武威将军刘尚击武陵五溪蛮夷”，引郦道元注《水经》云“武陵有五溪，谓雄溪、樠溪、酉溪、潕溪、辰溪，悉是蛮夷所居，故谓五溪蛮。”（《后汉书》卷二四《马援列传》，中华书局，1965年，第842、843页）；《后汉书》卷一一二《郡国志四》载“临沅”引《荆州记》曰：“县南临沅水，水源出牂牁且兰县，至郡界分为五溪，故云五溪蛮。”（《后汉书》卷一一二《郡国四》，中华书局，1965年，第3484页）；《宋书》卷九七《荆雍州蛮列传》，“蛮民顺附者，一户输谷数斛，其余无杂调，而宋民赋役严苦，贫者不复堪命，多逃亡入蛮。蛮无徭役，强者又不供官税，结党连群，动有数百千人，州郡力弱，则起为盗贼，种类稍多，户口不可知也。所在多深险，居武陵者有雄溪、樠溪、辰溪、酉溪、舞溪，谓之五溪蛮。”（《宋书》卷九七《荆雍州蛮列传》“荆雍州蛮”条，中华书局，1974年，第2396页）

② 刘美崧：《建平蜑、天门蛮、临江蛮兴衰述略——魏晋南北朝时期的土家族先民》，中国魏晋南北朝史学会：《魏晋南北朝史论文集》，齐鲁书社，1991年，第238页。

鄂西南一带，主要聚集在清江及其支流，人群主体可能为当地的巴人，六朝时期形成宜都蛮、建平蛮或清江蛮，至宋代形成施州蛮等①。

澧水流域的桑植、石门和慈利一带，根据地名称呼为澧水蛮，或溇中蛮，后来逐渐发展为天门蛮②。

① 吴永章：《湖北民族史》，华中理工大学出版社，1990年，第67～69、73页；吴永章、田敏：《鄂西民族地区发展史》，民族出版社，2007年，第50页；张雄：《中国中南民族史》，广西人民出版社，1989年，第98～104页。

② 吴永章：《湖北民族史》，华中理工大学出版社，1990年，第73、82页；张雄：《中国中南民族史》，广西人民出版社，1989年，第114、115页。

第五章　战国秦汉时期其他遗存属性的确认与分析[①]

上文通过对铜器窖藏文化面貌、时空特征和属性的分析，可知其在不同阶段发生了巨大变化，大致可概括为三个方面。

（1）战国中晚期出现，战国晚期至西汉或东汉早期略有发展，东汉中晚期兴盛，三国时期急剧衰落和消亡。

（2）窖藏器物呈现出由响（乐）器向响（乐）器与生活日用器的构成转变。

（3）分布变化呈现为：早期零星出现，到以鄂西南为主，再到以湘西北部和鄂西南为重心的转移。

鉴于铜器窖藏与武陵蛮夷的紧密关联，由此可知武陵蛮夷社会在东汉中晚期亦经历了快速发展阶段。若此，武陵蛮夷的其他遗存如墓葬等规模方面也应有相应的体现。

事实究竟如何？因此，有必要对境内的其他遗存进行检讨，审视相关的土著遗存特征及其变化。

为方便观察，亦按区域展开。

一、黔东北一带

境内仅务川、沿河发现一些墓葬和窑址。

务川境内的遗存为墓葬，其形制有土坑和砖（石）室墓，所出器物与巴蜀地区无别，如蒜头壶、鍪、甗、钫、扁壶、摇钱树、钱币等铜器；罐、房屋、水田、俑

---

① 境内罕见非铜器窖藏遗存。很可能与窖藏的分布地均远离人群居住点有关。铜器窖藏的发现均具有的偶然性可知非铜器窖藏发现之不易，即使发现也很难辨识其时代和属性。因此，相关的遗存仅见于墓葬和窑址等“可视性”的载体。

等陶器，时代跨度为战国末期至东汉中晚期[①]。

沿河境内的遗存有墓葬和窑址。洪渡镇境内发现的窑址为马蹄形，形制与出土器物均与巴蜀地区相同。窑址邻近地区亦发现一批东汉砖室墓，出土陶模型明器、罐、甗和铜耳杯亦与巴蜀一致[②]。

可以看出，务川境内的遗存文化面貌与峡江一致，人群主体当与峡江相同，即有巴人、秦人和之后转化的汉人。

从文化遗存属性来看，西汉中期开始，当地的土著文化基本融入汉文化之中，东汉时期汉文化的发展到达顶峰。

二、渝东南境内[③]

目前在酉阳、彭水和武隆发现一批遗存。

1. 酉阳

清源遗址[④]。商周时期遗存主体与巴文化无别[⑤]；汉代的墓葬发现几例，其中椭

① 宋先世、程学忠：《贵州务川新出两汉铜器》，《考古与文物》1991年第2期；程学忠、朱祥明：《务川县汉砖室墓清理简报》，《贵州文物》1986年第1期；贵州省博物馆考古队：《务川沙坝石室汉墓》，《贵州省博物馆馆刊》1985年创刊号；李飞：《务川大坪汉墓》，贵州省文物考古研究所：《2003—2013贵州基建考古重要发现》，科学出版社，2015年，第140～147页；贵州省文物考古研究所、务川县文化遗产保护中心：《务川县喻家汉墓发掘简报》，《贵州田野考古报告集（1993—2013）》，科学出版社，2014年，第213～221页。

② 席克、田景平：《沿河县发现东汉墓葬》，《贵州文物》1983年第2期；贵州省博物馆考古队：《贵州沿河洪渡汉代窑址试掘》，《考古》1993年第9期；杨洪：《沿河洪渡汉墓》，贵州省文物考古研究所：《2003—2013贵州基建考古重要发现》，科学出版社，2015年，第159～162页；刘文锁、张合荣：《沿河洪渡汉代窑址》，贵州省文物考古研究所：《2003—2013贵州基建考古重要发现》，科学出版社，2015年，第163～167页。

③ 未特别注明者，均来自国家文物局：《中国文物地图集·重庆分册》（下），文物出版社，2010年，第130～137、365～371、451～482页。

④ 重庆市文物考古所、重庆文化遗产保护中心、四川大学历史文化学院考古学系：《酉阳清源》，科学出版社，2009年，第203～209页。

⑤ 李映福、陈芳：《从清源遗址看乌江流域商周时期的考古学文化》，《考古》2010年第5期。

圆形土坑墓与内地存在较大差异，很可能与土著有关，而石室墓则与巴蜀地区汉文化无别。

邹家坝遗址[①]。商周时期的遗存主体为巴文化。汉代墓葬均为狭长形竖穴土坑墓，与内地汉墓存在差异。

长丘、青杠堡、下坝墓地[②]。长丘墓葬为竖穴土坑墓，所出陶器有盒、罐、熏炉、水井等，铜器有釜、鍪之类，与巴蜀地区汉文化相同；青杠堡、下坝墓葬为砖（石）室墓，出土陶俑、陶罐、铜镜、钱币、铁刀等亦与东汉时期巴蜀境内的汉文化无别。

2. 武隆

关口汉墓[③]。M1形制和随葬品与江汉平原接近，如铜器有壶、钫、扁壶、蒜头壶、釜、甗等，漆木器有耳杯、奁、扁壶等，或来自秦文化，或来自巴地，或来自中原。

江口汉墓[④]。蔡家村、生基坪汉墓均为券顶石室墓，坟院子汉墓为券顶砖室墓，出土铜摇钱树、鋗和陶俑、盘等，与巴蜀地区汉文化无别。

土坎汉墓[⑤]。砖、石室墓和随葬品均与峡江地区汉墓一致。

3. 彭水

山谷公园汉墓[⑥]。券顶石室墓和所出铜摇钱树、陶罐、陶俑等与峡江相同，青瓷四系罐、釜等则来自湖湘地区。

---

① 重庆市文物考古所、重庆文化遗产保护中心：《酉阳邹家坝》，科学出版社，2011年，第276～293页。

② 重庆市文物考古所、四川大学考古系：《重庆市长丘、青杠堡、下坝墓地发掘简报》，《四川文物》2006年第3期。

③ 国家文物局：《2023中国重要考古发现》，文物出版社，2024年，第119～124页。

④ 四川省文物管理委员会、武隆县文化馆：《四川武隆县江口镇汉墓清理简报》，《考古与文物》1990年第6期。

⑤ 重庆市文化遗产研究院、武隆区文物管理所：《重庆市武隆区土坎遗址东汉墓葬发掘简报》，《四川文物》2021年第2期。

⑥ 重庆市文化遗产研究院、彭水县文物管理所：《重庆彭水县山谷公园墓群发掘报告》，四川大学博物馆、四川大学考古学系、成都文物考古研究所：《南方民族考古》（第十一辑），科学出版社，2015年，第323～343页。

郁山黄泥坝、偏坝、庙包、打岩场、中井坝汉墓群[①]。墓葬形制有券顶砖室、石室墓，也有竖穴土坑墓，出土器物有陶壶、魁、房屋模型、罐等。无论是墓葬形制还是随葬品均与三峡地区相同。

此外，根据《中国文物地图集·重庆分册》，黔江境内东汉墓地有土城、砖堡、篷西、泉孔、斑竹林、燕岩、高家堡、红洞；彭水有王家坝、肖家堡、团坝子、杨家坝、田坝、张家咀、官山；酉阳有青树堡。墓葬形制有券顶砖室墓和崖墓，崖墓主要发现于黔江境内。墓葬形制与随葬品与巴蜀境内相同。

此外，黔江官渡河发现少量用汉砖堆砌棺床的岩洞墓，可能归属土著，时代或属汉末至晋。

可见，渝东南境内的文化发展大致分为三个阶段：商周时期主体为巴文化；西汉时期汉文化占据主体地位，可能还有部分巴文化残留；东汉时期基本统一为汉文化。

三、鄂西南的清江流域

材料较多集中发表在《清江考古：长阳地区考古发掘报告》[②]，均见于长阳境内，涉及的遗址如下。

深潭湾岩洞墓。历史时期遗物有汉代的五铢钱、东周时期楚文化的陶鬲。根据墓葬形制和所出巴文化的铜璜形饰件、陶釜等，推断其文化主体为巴文化，人群很可能为当地的巴人。

香炉石遗址。第2～6层出土大量巴文化的遗物，如陶釜、骨锥、牙饰、卜骨，也不乏楚文化的陶鬲、陶盂、铁锸、铜削刀，时代主体为东周，不排除下限到达西汉的可能性。

香炉石岩洞墓。出土卜骨、陶釜之类，时代为战国时期。也有出土五铢、铜斧的墓葬，时代属西汉。据此推断，文化属性与巴有关。

---

① 卢洁：《重庆彭水县郁山镇东汉墓考古发现与研究》，重庆师范大学硕士学位论文，2014年，第6～26页。

② 湖北省清江隔河岩考古队、湖北省文物考古研究所：《清江考古：长阳地区考古发掘报告》，科学出版社，2004年，第197～438页。

驰滩岩屋遗址。出土半两铜钱、玉玦、铜配饰、陶釜，根据陶釜和铜配饰等推断其主体属性与战国晚期至西汉初期的巴文化有关。

千渔坪遗址。出土东周时期巴文化的陶釜、竖穴土坑墓，六朝时期青瓷碗。根据墓葬形制和出土的陶釜推断文化主体与巴或其后人有关。

南岸坪遗址。遗物有楚文化的陶盂、罐、鬲、豆，巴文化的陶釜、钵。其中楚文化占据主导。

外村里遗址。出土大量的陶筒瓦、板瓦、盂、罐、蚁鼻钱，属东周楚文化；也不乏铜盖弓帽明器、铜带钩、铁锸，时代为两汉。文化属性分别属楚及后来的汉文化。

天池口东汉墓地。M1、M3为石室，形制与内地汉文化无别，出土五铢、新莽钱币、铜镜之类汉式器，但大量铜环、铜铃、配饰件和卜骨显示出与汉文化的差异，墓主很可能为当地的蛮夷。

陈家沱东汉墓地。砖室墓，墓砖有“永初五年四月造”，出土玉玦、耳珰。属汉文化。

此外，《中国文物地图集·湖北分册》介绍了另一批墓葬材料[①]，按阶段叙述如下。

东汉时期。长阳境内有枇杷溪、腰磨岭、土地岭、固仓坪、州衙坪、静安；利川有龙水。均发现券顶砖室墓或墓砖，人群应该与汉人有关。

六朝时期。长阳鸭子口、白庙发现券顶砖室墓，来凤老屋场发现竖穴土坑墓，出土青瓷四系罐；来凤仙人洞有岩洞墓群。除了砖室墓与华夏文化有关外，其他均体现蛮夷特征。

归纳起来，鄂西南境内的文化遗存经历了商和西周时期的巴文化、东周时期巴楚文化和两汉时期汉文化占据主导、巴文化为辅的融合型三个阶段，六朝时期及之后则呈现多元性和复杂化。

---

① 国家文物局：《中国文物地图集·湖北分册》，西安地图出版社，2002年，第521～555页。

四、湘　西[1]

东周秦汉时期境内的遗存可分巴、濮、楚、越和汉文化，由于遗存十分丰富，下面主要就墓葬展开分析。

（一）东周时期

1. 溆浦

大江口[2]。仅发现1例巴人墓，出土铜錞于、钲、扁钟和陶豆。其余墓葬属楚墓。

茅坪坳[3]。仅M22、M14与濮人有关，发现宽格扁茎铜剑。其余属楚墓。

高低村[4]。墓葬形制均为楚式，出土器物以楚文化为主，仅M77所出铜剑与濮有关，M12所出铜矛与巴有关。

马田坪[5]。有几例墓葬与楚墓存在差异，如M32、M34出土陶豆，M64出土铜扁茎剑，M121出土铜扁茎剑和陶豆、罐，此外还采集到铜宽格扁茎剑，这些很可能与

---

① 未特别注明者，所引文献均来自国家文物局：《中国文物地图集·湖南分册》，湖南地图出版社，1997年，第362～457页。下面文章中有关对濮人墓葬的认定，参考了以下观点，参见柴焕波：《湘西濮文化的考古学钩沉》，北京大学中国考古学研究中心、北京大学震旦古代文明研究中心主编：《古代文明》（第6卷），文物出版社，2007年，第130～132页；何介均、郑元日：《关于湘西、湘西北发现的宽格青铜短剑》，《文物》1993年第2期。

② 湖南省博物馆：《溆浦大江口镇战国巴人墓》，湖南省博物馆编：《湖南考古辑刊》（第一集），岳麓书社，1982年，第37、38页；怀化地区文物工作队、溆浦县文物管理所：《1990年湖南溆浦大江口战国西汉墓发掘简报》，《考古》1994年第1期。

③ 怀化市文物事业管理处：《湖南溆浦县茅坪坳战国西汉墓》，《考古》1999年第8期。

④ 怀化地区文物工作队、溆浦县文化局：《溆浦县高低村春秋战国墓清理简报》，湖南省文物考古研究所、湖南省考古学会合编：《湖南考古辑刊》（第五集），岳麓书社，1989年，第46～51页。

⑤ 湖南省博物馆、怀化地区文物工作队：《湖南溆浦马田坪战国西汉墓发掘报告》，湖南省博物馆、湖南省考古学会合编：《湖南考古辑刊》（第二集），岳麓书社，1984年，第33～69页；湖南省博物馆：《湖南溆浦马田坪战国、西汉墓》，文物编辑委员会编：《文物资料丛刊》（10），文物出版社，1987年，第88～103页；陈启家、舒向今、向开旺：《湘西辰溪、溆浦发现青铜剑》，湖南省博物馆、湖南省考古学会合编：《湖南考古辑刊》（第二集），岳麓书社，1984年，第204页。

濮人有关；其余属楚墓。

江口[①]。属楚墓。

商顶坡、赵家庄[②]。均属楚墓。

2. 慈利

官地[③]。M5出土宽格扁茎剑和壶，可能与濮人有关；其余为楚墓。

石板村[④]。M36出土弓形系铜矛、铜钲，出土大量楚式陶器，与巴人有关。其他墓葬均属楚墓。

3. 黔阳

黔城[⑤]。均属楚墓。

4. 辰溪

米家滩[⑥]。除了采集到1件铜宽格扁茎剑外，其余属楚墓。

黄土坡[⑦]。均属楚墓。

---

① 溆浦县文化局：《溆浦江口战国西汉墓》，湖南省博物馆、湖南省考古学会合编：《湖南考古辑刊》（第三集），岳麓书社，1986年，第112～121页。

② 怀化市博物馆、溆浦县文物管理所：《湖南溆浦商顶坡、赵家庄楚汉墓考古发掘简报》，湖南省文物考古研究所编：《湖南考古辑刊》（第14集），科学出版社，2019年，第109～157页。

③ 高中晓、袁家荣：《湖南慈利官地战国墓》，湖南省博物馆、湖南省考古学会合编：《湖南考古辑刊》（第二集），岳麓书社，1984年，第78～80页。

④ 湖南省文物考古研究所、慈利县文物保护管理研究所：《湖南省慈利县石板村战国墓》，《考古学报》1995年第2期。

⑤ 怀化地区文物工作队、黔阳县芙蓉楼文管所：《黔阳县黔城战国墓发掘简报》，湖南省文物考古研究所、湖南省考古学会合编：《湖南考古辑刊》（第五集），岳麓书社，1989年，第61～73页。

⑥ 怀化地区文物工作队、辰溪县文化局：《米家滩战国墓发掘简报》，湖南省文物考古研究所、湖南省考古学会合编：《湖南考古辑刊》（第四集），岳麓书社，1987年，第33～47页；陈启家、舒向今、向开旺：《湘西辰溪、溆浦发现青铜剑》，湖南省博物馆、湖南省考古学会合编：《湖南考古辑刊》（第二集），岳麓书社，1984年，第204页。

⑦ 怀化地区文物工作队、辰溪县文物管理所：《湖南辰溪县黄土坡战国墓发掘简报》，《南方文物》1996年第2期。

5. 保靖

四方城[①]。M14、M6出土铜扁茎剑和陶碗、壶，可能与濮人有关；M75出土陶簋、豆、罐，可能与濮人有关；M69出土弓形系铜矛，属巴人墓；M12、M49出土铜璜形饰件，亦出土楚式陶器；其余归属楚墓。此外，零星采集到数例铜宽格扁茎剑。

麦茶[②]。M19、M21、M37、M39、M52、M54、M67、M91、M93、M109、M321、M341、M367出土陶簋和壶、豆，可能均与濮人有关。M80出土弓形系铜矛和陶豆、壶，与巴人有关；M110出土陶扁壶和楚式陶器，与秦人有关；其他墓葬均为楚墓。

6. 沅陵

木形山[③]。属楚墓。

木马岭[④]。属楚墓。

窑头[⑤]。墓葬形制均属楚式，墓地文化主体当属楚，但部分墓葬所出随葬品较为复杂：M1014出土铜璜形器和楚式陶器、铜镜等，可能与巴人有关；M1028出土陶釜和楚式陶器，与秦人有关；M1059出土陶釜和盂，与秦人有关；M1105出土铜宽格扁茎剑和楚式陶器，与濮人有关；M1108、M1123出土铜扁茎剑和楚式陶器，可

① 湘西土家族苗族自治州文物工作队、博物馆：《四方城出土文物》，湘西土家族苗族自治州文物工作队、博物馆编印：《湘西土家族苗族自治州文物志》，1981年内部印刷，第180～185页；湘西土家族苗族自治州文物工作队：《湘西保靖县四方城战国墓发掘简报》，湖南省博物馆、湖南省考古学会合编：《湖南考古辑刊》（第三集），岳麓书社，1986年，第122～126页；湘西自治州文物管理处、保靖县文物管理所：《保靖四方城战国、汉代墓葬发掘报告》，湖南省文物考古研究所、湖南省考古学会合编：《湖南考古》（2000上），岳麓书社，2004年，第174～224页；刘长治：《湘西保靖县发现几件青铜短剑》，湖南省文物考古研究所、湖南省考古学会合编：《湖南考古辑刊》（第五集），岳麓书社，1989年，第84、85页。

② 湖南省文物考古研究所：《里耶发掘报告》，岳麓书社，2007年，第240～373页。

③ 湖南省文物考古研究所：《沅陵木形山战国墓发掘简报》，湖南省文物考古研究所、湖南省考古学会合编：《湖南考古辑刊》（第六集），《求索》杂志社，1994年增刊，第92～96页。

④ 湖南省文物考古研究所、沅陵县文管所：《湖南沅陵木马岭战国墓发掘简报》，《考古》1994年第8期。

⑤ 湖南省文物考古研究所：《沅陵窑头发掘报告——战国至汉代城址及墓葬》，文物出版社，2015年，第50～330页。

能与濮人有关；M1137出土2件铜扁茎剑，属濮人墓；M1144出土铜宽格扁茎剑和楚式铜戈、陶豆，与濮人有关；M1153出土铜宽格扁茎剑以及楚式铜剑和铜矛，可能与濮人有关；M1160出土铜宽格扁茎剑和铜环，与濮人有关；M1161出土弓形系铜矛以及楚式陶器和铜剑，与巴人有关；M1170出土铜扁茎剑、铜矛和陶罐，可能与濮人有关；M1189出土弓形系铜矛，与巴人有关；M1199出土铜扁茎剑和弓形系铜矛，与巴濮有关；M1249出土铜扁茎剑以及楚式铜戈和铜剑，与巴人有关。

7. 龙山

里耶李拐堡①。M10出土20件铜璜形饰件和陶豆、钵、罐，可能与巴人有关；M29、M30、M39均出土陶豆和簋，可能与濮人有关；M21出土陶釜，也可能与巴人有关。其余墓葬归属楚墓。

8. 古丈

白鹤湾②。M6出土铜扁茎剑；M1、M3出土弓形系铜矛，其中M3出土大量楚式陶器；M33、M64出土铜璜形饰件，其中M33出土陶壶、豆和铜带钩，M64出土陶壶，可能与巴人有关；M17、M31出土铜肖形印章，其中M17还出土陶簋和豆，M31出土陶壶，可能与巴人或濮人有关。其余为楚墓。

河西③。均属楚墓。

9. 张家界

菜籽湾M12④。出土铜宽格扁茎剑、陶钵和陶豆，与濮人有关。

---

① 湘西自治州文物管理处、湘西自治州博物馆、龙山县文物管理所：《龙山县里耶镇李拐堡战国墓》，湖南省文物考古研究所、湖南省考古学会：《湖南考古》（2002上），岳麓书社，2004年，第126～146页。

② 湖南省博物馆、湘西土家族苗族自治州文物工作队：《古丈白鹤湾楚墓》，《考古学报》1986年第3期；湘西自治州文物管理处、古丈县文物管理所：《古丈县白鹤湾战国西汉墓发掘报告》，湖南省文物考古研究所、湖南省考古学会：《湖南考古》（2002上），岳麓书社，2004年，第147～173页。

③ 湘西自治州文物管理处、古丈县文物管理所：《湘西古丈河西战国汉墓发掘简报》，《江汉考古》2007第2期。

④ 张家界市文物处：《张家界市菜籽湾12号墓清理简报》，湖南省文物考古研究所、湖南省考古学会：《湖南考古》（2002上），岳麓书社，2004年，第225～229页。

10. 泸溪

桐木垅[①]。M7出土铜宽格扁茎剑，M8出土铜扁茎剑，可能与濮人有关。M6出土铜弓形系矛和陶豆、罐和钵，可能与巴人或濮人有关。M61出土铜璜形饰件，与巴人有关。其余属楚墓。

11. 永顺

不二门[②]。为岩洞墓。根据遗址所出陶釜形鼎、豆和卜骨等来看，可能与巴人有关。
王村[③]。均属楚墓。

12. 桑植

朱家台[④]。均属楚墓。

13. 靖州

团结村[⑤]。均属楚墓。
鸬鹚江[⑥]。狭长墓坑，坑底铺垫一层鹅卵石，可能与越人有关。

14. 中方

竹子园[⑦]。M2出土弓形系铜矛和其他陶器，可能与巴人有关。

---

① 湘西自治州文物管理处、泸溪县文管所：《泸溪桐木垅战国、汉墓发掘报告》，湖南省文物考古研究所、湖南省考古学会：《湖南考古》（2002上），岳麓书社，2004年，第254～288页。

② 湖南省文物考古研究所、湘西自治州文管处：《湘西永顺不二门发掘报告》，湖南省文物考古研究所、湖南省考古学会：《湖南考古》（2002上），岳麓书社，2004年，第72～125页。

③ 永顺县文物管理所：《永顺县王村战国两汉墓清理简报》，湖南省文物考古研究所、湖南省考古学会：《湖南考古》（2002下），岳麓书社，2004年，第463～469页。

④ 桑植县文物管理所：《湖南桑植县朱家台战国墓》，《江汉考古》1991年第3期。

⑤ 怀化地区文物管理处、靖州县文物管理所：《湖南靖州县团结村战国西汉墓》，《考古》1998年第5期。

⑥ 怀化地区文物工作队、靖州县文物管理所：《湖南靖州鸬鹚江春秋、晋墓发掘简报》，《南方文物》1993年第3期。

⑦ 湖南省文物考古研究所、怀化市文物管理所、中方县文物管理所等：《湖南中方竹子园战国西汉墓葬2013年度考古发掘简报》，湖南省文物考古研究所编：《湖南考古辑刊》（第12集），科学出版社，2016年，第97～128页。

（二）西汉时期

均属竖穴土坑墓，属汉文化墓葬，相关墓地叙述如下。

1. 溆浦

江口[①]、大江口[②]、茅坪坳[③]、马田坪[④]、商顶坡、赵家庄[⑤]。

2. 张家界

三角坪[⑥]。

3. 古丈

河西[⑦]、白鹤湾[⑧]。

---

① 溆浦县文化局：《溆浦江口战国、西汉墓》，湖南省博物馆、湖南省考古学会合编：《湖南考古辑刊》（第三集），岳麓书社，1986年，第112～121页。

② 怀化地区文物工作队、溆浦县文物管理所：《1990年湖南溆浦大江口战国西汉墓发掘简报》，《考古》1994年第1期。

③ 怀化市文物事业管理处：《湖南溆浦县茅坪坳战国西汉墓》，《考古》1999年第8期。

④ 湖南省博物馆、怀化地区文物工作队：《湖南溆浦马田坪战国西汉墓发掘报告》，湖南省博物馆、湖南省考古学会合编：《湖南考古辑刊》（第二集），岳麓书社，1984年，第38～69页；湖南省博物馆：《湖南溆浦马田坪战国、西汉墓》，文物编辑委员会编：《文物资料丛刊》（10），文物出版社，1987年，第88～103页。

⑤ 怀化市博物馆、溆浦县文物管理所：《湖南溆浦商顶坡、赵家庄楚汉墓考古发掘简报》，湖南省文物考古研究所编：《湖南考古辑刊》（第14集），科学出版社，2019年，第109～157页。

⑥ 湖南省文物考古研究所、湘西自治州文物工作队、大庸市文物管理所：《1986—1987大庸城区西汉墓发掘报告》，湖南省文物考古研究所、湖南省考古学会合编：《湖南考古辑刊》（第五集），《求索》杂志社，1989年，第99～124页。

⑦ 湘西自治州文物管理处、古丈县文物管理所：《湘西古丈河西战国、汉墓发掘简报》，《江汉考古》2007第2期。

⑧ 湘西自治州文物管理处、古丈县文物管理所：《古丈县白鹤湾战国西汉墓发掘报告》，湖南省文物考古研究所、湖南省考古学会：《湖南考古》（2002上），岳麓书社，2004年，第147～173页。

4. 桑植

朱家台①、大湾泡。

5. 靖州

团结村②。

6. 怀化

市区③、城区④。

7. 洪江

张古坳、枫木坪⑤。

8. 保靖

粟家坨⑥、黄连⑦、四方城⑧、清水坪、大板⑨。

---

① 桑植县文物管理所：《湖南桑植朱家台西汉墓》，《江汉考古》1995年第4期。

② 怀化地区文物管理处、靖州县文物管理所：《湖南靖州县团结村战国西汉墓》，《考古》1998年第5期。

③ 怀化地区文物工作队：《湖南怀化西汉墓》，《文物》1988年第10期。

④ 怀化地区文物工作队：《湖南怀化市城区西汉墓发掘简报》，《南方文物》1992年第4期。

⑤ 湖南省文物考古研究所、湖南怀化市博物馆、湖南洪江市芙蓉楼管理所：《湖南洪江市黔城镇张古坳、枫木坪西汉墓发掘简报》，《南方文物》2008年第4期。

⑥ 湘西土家族苗族自治州文物工作队：《湖南保靖粟家坨西汉墓发掘简报》，《考古》1985年第9期。

⑦ 刘长治：《保靖县清理一座东汉墓》，湖南省博物馆、湖南省考古学会合编：《湖南考古辑刊》（第二集），岳麓书社，1984年，第205页；湘西自治州文物管理处、保靖县文物管理所：《湖南保靖黄连古墓葬发掘报告》，湖南省文物考古研究所、湖南省考古学会：《湖南考古》（2002上），岳麓书社，2004年，第230～253页。

⑧ 湘西自治州文物管理处、保靖县文物管理所：《保靖四方城战国、汉代墓葬发掘报告》，湖南省文物考古研究所、湖南省考古学会：《湖南考古》（2002上），岳麓书社，2004年，第174～224页。

⑨ 湖南省文物考古研究所：《里耶发掘报告》，岳麓书社，2007年，第374～650页。

9. 泸溪

桐木垅①、回龙庵、上庵、后冲。

10. 沅陵

窑头②。

11. 中方

竹子园③、龙井④。

12. 永顺

王村⑤。

13. 辰溪

六龙山、白浪坪、高岩坎、桐木岭。

---

① 湘西自治州文物管理处、泸溪县文管所：《泸溪桐木垅战国、汉墓发掘报告》，湖南省文物考古研究所、湖南省考古学会：《湖南考古》（2002上），岳麓书社，2004年，第254～288页。

② 湖南省文物考古研究所：《沅陵窑头发掘报告——战国至汉代城址及墓葬》，文物出版社，2015年。

③ 湖南省文物考古研究所、怀化市文物管理所、中方县文物管理所等：《湖南中方竹子园战国西汉墓葬2013年度考古发掘简报》，湖南省文物考古研究所编：《湖南考古辑刊》（第12集），科学出版社，2016年，第97～128页。

④ 湖南省文物考古研究院、怀化市博物馆：《中方县龙井汉墓M047发掘简报》，段晓明主编：《湖南博物院院刊》（第十八辑），岳麓书社，2023年，第126～133页；湖南省文物考古研究院、怀化市博物馆、中方县博物馆：《中方县龙井汉墓M050发掘简报》，段晓明主编：《湖南博物院院刊》（第十九辑），岳麓书社，2024年，第64～74页。

⑤ 湘西土家族苗族自治州文物工作队、博物馆：《王村一号汉墓》《王村二号汉墓》《王村三号汉墓》《王村四号汉墓》，湘西土家族苗族自治州文物工作队、博物馆编印：《湘西土家族苗族自治州文物志》，1981年内部印刷，第80～87页；永顺县文物管理所：《永顺县王村战国两汉墓清理简报》，湖南省文物考古研究所、湖南省考古学会：《湖南考古》（2002下），岳麓书社，2004年，第463～469页。

14. 麻阳

骡子村、碾子坳。

15. 芷江

大步头。

16. 慈利

杨家巷、拣花村、水库凸、朱家凸、老官凸、齐龙岗、向家凸。

（三）东汉时期

1. 保靖

洞庭。1例，编号为M5，券顶砖室墓①。出土陶鼎、锜、罐、灶等。属汉文化墓葬。

洞庭牛肚湾②。竖穴土坑墓3座。M1出土铜壶、鍪、钵等；M2出土银环、铜扁茎剑；M3出土陶灶、罐等。M2可能与当地蛮夷有关，其他2座归属汉文化墓葬。

金鸡窝、庙堡山。发现券顶砖室墓。

2. 永顺

王村③。发现砖室墓，具体不详。

其他地区，如官坟堡、徭人包、周官塔、窑厂、袁家寨、杜家寨、高坪、涂家台、杨家村、徭人垌、银子偏坡、周家坪、徭二堡、罗家嘴，均发现砖室墓。

---

① 保靖县文化馆：《保靖县发现东汉砖室墓》，湖南省博物馆、湖南省考古学会合编：《湖南考古辑刊》（第三集），岳麓书社，1986年，第27页。

② 湘西土家族苗族自治州文物工作队、博物馆：《牛肚湾东汉墓（一号墓）》《牛肚湾东汉墓（三号墓）》，湘西土家族苗族自治州文物工作队、博物馆编印：《湘西土家族苗族自治州文物志》，1981年内部印刷，第88～93页。

③ 湘西土家族苗族自治州文物工作队、博物馆：《王村古墓群（永顺）》，湘西土家族苗族自治州文物工作队、博物馆编印：《湘西土家族苗族自治州文物志》，1981年内部印刷，第98页。

3. 桑植

南岔[①]。发现几何纹墓砖。

李家湾、尚家坪、窑人包、达塔坪、上洞街、窑包。发现几何纹墓砖券顶砖室墓。

4. 张家界

城区[②]。53座砖室墓。

其他地区。墓地有南坪、矮垄上、河坎边、鱼合子、许家塔、吴家坪、安坪。

5. 龙山

唐家堡、徭人包，均发现东汉砖室墓。

6. 慈利

殷家岗。券顶砖室墓，出土动物模型。

7. 石门

营盘岗、曹家蓬、蔡家岗、陈家祠村、北洄、张家包。

墓葬形制至少存在竖穴土坑墓和券顶砖室墓两类。所出随葬品基本为汉文化器物。

（四）六朝早期墓

1. 靖州

鸬鹚江[③]。狭长竖穴土坑墓（船形墓），出土青瓷六系罐、碗和铁器等。器物与

① 湘西土家族苗族自治州文物工作队、博物馆：《南岔古墓葬（桑植）》，湘西土家族苗族自治州文物工作队、博物馆编印：《湘西土家族苗族自治州文物志》，1981年内部印刷，第98页。

② 湖南省文物考古研究所、湘西自治州文物工作队、大庸市文物管理所：《湖南大庸东汉砖室墓》，《考古》1994年第12期。

③ 怀化地区文物工作队、靖州县文物管理所：《湖南靖州鸬鹚江春秋、晋墓发掘简报》，《南方文物》1993年第3期。

内地无别，但墓葬形制特殊，墓主可能与当地土著有关。

2. 保靖

四方城[①]。2座。M11为刀字形石室墓，出土青瓷碗、罐、盘口壶、灯台和铜鐎斗。M81为土坑墓，出土铁釜和刀。均体现为华夏属性。

金鸡窝，发现券顶砖室墓，属华夏因素墓葬。

3. 张家界

吴家坪、鱼合子、许家塔、南坪、矮垄上、河坎边，均发现晋代砖室墓。属华夏因素墓葬。

4. 桑植

李家湾、尚家坪、窑人包、达塔坪、上洞街、窑包、南岔，均发现几何纹墓砖券顶砖室墓。属华夏因素墓葬。

5. 来凤

老屋场土坑墓、仙人洞崖墓群。很可能与土著有关。

6. 长阳

砖室墓墓地有鸭子口、州衙坪、土地岭、固仓坪，属华夏因素墓葬。

7. 永顺

官坟堡、徭人包、周官塔、窑厂、袁家寨、杜家寨、高坪、涂家台、杨家村、徭人垌、银子偏坡、周家坪、徭二堡、罗家嘴，均发现砖室墓，时代跨越东汉和晋。属华夏因素墓葬。

---

① 湘西自治州文物管理处、保靖县文物管理所：《保靖四方城晋、唐、元墓发掘清理简报》，湖南省文物考古研究所、湖南省考古学会：《湖南考古》（2002上），岳麓书社，2004年，第289～304页。

8. 石门

营盘岗、曹家蓬、蔡家岗、陈家祠村、北洄，均为砖室墓，属华夏因素墓葬。

综合以上的分析，可知湘西境内墓葬的发展变化大致呈现以下特征。

（1）东周时期墓葬，文化属性虽然复杂多样，但楚文化牢牢占据主导，且分布广泛。巴、濮、越等墓葬厕身其中，尚未发现独立成片现象。

（2）进入西汉，土著因素基本消失不见，文化面貌均属汉文化因素或汉文化因素影响下的地方性因素。分布广泛、规模大。

（3）东汉时期，墓葬的分布范围和规模急剧下降，且呈现明显的地域分化：沅水中上游主要集中在北部的酉水一带，墓葬形制有土坑墓和券顶砖室墓；澧水流域较为丰富，墓葬多属砖室墓；两地所出随葬品也与内地汉文化无别。而湘西南部地区罕见墓葬遗存。

（4）六朝早期，墓葬规模和分布范围更加萎缩。湘西南部晋时期墓葬仅发现1例，呈现夷、汉融合形态；湘西北部的酉水流域和湘西东部的澧水境内有少量发现，其文化形态与内地无别；其他地区罕见。

五、总体特征

对比观察，东周秦汉时期四个区域的文化构成和发展变化存在较大差异，体现如下：

黔东北和渝东南相似，均呈现为巴—巴、汉融合，最后呈现为大一统的汉文化的演变过程，东汉时期境内的汉文化发展到达高峰。境内具有土著文化属性的铜器窖藏零星发现。

鄂西南东周至西汉时期楚、汉文化因素不多，东汉时期砖室墓主要集中在清江下游一带。清江中上游大量铜器窖藏的发现及部分岩洞墓的存在反映境内蛮夷文化占据主导地位。

湘西地区东周时期楚文化牢牢占据主导，巴、越、濮多融合于楚文化之中。西汉时期窖藏零星发现，汉文化的墓葬密集出现。东汉开始湘西的文化构成呈现地区差异：北部地区汉文化墓葬略呈衰退，土著属性的铜器窖藏遗存迅猛发展；南部无论是汉文化还是土著文化遗存均消失不见；东部汉文化墓葬得以大体维持，土著文化属性的铜器窖藏遗存零星发现。

总体而言，土著文化的发展在墓葬和窖藏两个载体方面存在巨大差异：墓葬文化的显现主要集中在商至春秋阶段，战国中晚期开始便基本被纳入楚、汉文化的体系，直至六朝时期才零星单独出现；窖藏虽然出现在战国中晚期，但兴盛于东汉中晚期，区域则集中在鄂西南和湘西一带。

第六章　境内的人群与社会

由上文可知，东汉中晚期铜器窖藏无论是规模还是分布区域或所出器类均迅猛发展，从中可见蛮夷社会的繁华景象。按理，其墓葬等其他遗存也应同步发展。但无论是西汉还是东汉时期，罕见具有典型特征的蛮夷墓葬和墓地。究其原因，应该与蛮夷的墓葬文化融入华夏体系有关。

不过，缘何蛮夷社会在东汉中晚期得以迅速发展？若此，境内的华夏社会发展概况如何？此外，不难发现东汉之后境内无论是窖藏还是墓葬的数量均急剧下降，其原因何在？

对此，拟通过对比境内不同区域不同阶段的窖藏与墓葬进行观察。

一、渝东南地区

不同时段窖藏和墓葬遗存的规模列表如下（表一六）。

观察表一六，结论如下。

（1）先秦两汉时期窖藏与墓葬的发展大致成反比：窖藏规模有限，且略以先秦时期为主，之后基本衰落；土著墓葬同样并不丰富，且东汉时期空白，而汉文化墓葬零星出现在西汉阶段，爆发于东汉时期。

（2）鉴于窖藏具有的土著属性，综合土著因素的墓葬来看，境内土著文化并不发达，尤其在汉代。

（3）六朝时期，墓葬和窖藏遗存基本消亡，仅发现零星几例土著特征的岩洞墓，可知境内无论是华夏还是土著社会均呈现明显的衰落。

上述遗存的兴衰变化背景如何？缘何六朝时期均濒临衰亡？

境内发现的商周时期遗址分布十分零散和稀疏，文化堆积相当有限，墓葬和窖藏等遗存不丰富，所出器物集中为陶器和石器，且数量不多。其原因，应该与境内人群的经济模式以渔猎为主有关。进入汉代尤其东汉阶段，彭水、黔江发现成片的砖（石）室墓，出土大批的陶器、铜器甚至摇钱树之类，与汉代巴蜀地区并无差异。可见东汉阶段境内社会结构发生剧变，经济发展水平得到大幅度的提高。

表一六 渝东南窖藏和墓葬一览表

时段	窖藏	墓葬	
		土著文化因素	华夏文化因素
先秦时期	黔江。舟白街道寨坡村、石家镇高石村、濯水镇张家村		
西汉时期	黔江。冯家街道白泉村	土坑墓： 酉阳。清源、邹家坝	土坑墓： 酉阳。长丘 武隆。关口
东汉时期	彭水。黄家镇猴里村		砖（石）室墓： 酉阳。青杠堡、下坝 武隆。江口、蔡家村、生基坪、坟院子、土坎 彭水。山谷公园、郁山黄泥坝、偏坝、庙包、打岩场、中井坝、王家坝、肖家堡、团坝子、杨家坝、田坝、张家咀、官山 黔江。土城、砖堡、篷西、泉孔 崖墓： 黔江。斑竹林、燕岩、高家堡、红洞
六朝时期		岩洞墓： 黔江。官渡河	

渔猎经济支撑的人口有限，境内多山的自然条件同样也限制了农业经济的发展，农业因素遂也可排除。因此，境内的经济生产存在其他模式。

当前在彭水境内发现一批盐井遗址，如飞水盐井、老郁山盐井、鸡鸣盐井等[①]，可知境内存在盐业生产且规模较大。

此外，在盐井附近还发现一大批的砖（石）室墓地，如山谷公园、郁山黄泥坝、偏坝、庙包、打岩场、中井坝、王家坝、肖家堡、团坝子、杨家坝、田坝、张家咀、官山墓地。

---

① 国家文物局主编：《中国文物地图集·重庆分册》（下），文物出版社，2010年，第473～482页。

若此，这些砖、石室墓的出现，与盐的开采存在紧密关系。

盐作为国家战略资源，其开发和运输、贸易均由政府或与官方背景有关的大姓掌握，汉人官员、军队、工匠、商人等，或参与开采和管理，或从事转运和贸易，或服务于社会秩序的维持和稳定。彭水所出的盐主要通过乌江及其支流销往巴蜀等内地，势必在沿线设置中转站。若此，华夏社会聚集区在彭水及以下的乌江沿线遂出现，故成片的汉墓群得以形成和被发现。

由盐而兴的各种贸易经济必然冲击当地土著原来的经济模式，他们主动或被迫参与相关的经济活动，也使得其原先的社会形态渐渐融入华夏体系之中。纯粹的土著文化遗存遂不多见。

但也不难发现，境内社会的维系对内地存在极强的依赖性，即境内农业经济不发达，粮食等生活物资需要通过盐的交换从内地输入。一旦内地出现混乱，商品贸易中断，粮食不继，境内原有的社会秩序便难以维系。因此，随着汉末王朝的崩溃，巴蜀等地动乱不已，境内由盐而兴的商贸经济急剧衰落，原先由此形成的聚集社会则不免衰退。

之后的蜀汉政权虽然对巴蜀地区进行了社会秩序的重建，但其对渝东南掌控的有效性和深度均值得怀疑。由于其统治重心在蜀国的北部，也难以对此区域输出人力和物力。

另外，“永安六年，蜀并于魏。武陵五溪夷与蜀接界，时论惧其叛乱。乃以牧为平魏将军，领武陵太守，往之郡。魏遣汉葭县长郭纯试守武陵太守，率涪陵民入蜀迁陵界，屯于赤沙，诱致诸夷邑君，或起应纯，又进攻酉阳县，郡中震惧……斩恶民怀异心者魁帅百余人及其支党凡千余级，纯等散，五溪平”[①]。可见，剩余的势力同样卷入了与孙吴的纷争之中。

西晋晚期，巴蜀陷入动荡，其影响势必波及境内。

东晋开始，僚人入蜀，江州以上为其占领，境内更难发现相关遗存[②]。

① 《三国志》卷六〇《吴书·钟离牧传》，天津古籍出版社，2009年，第800页。

② “晋永嘉后，地没蛮夷，经二百五十六年，至宇文周保定四年，涪陵蛮帅田恩鹤以地内附，因置奉州，建德三年改为黔州，隋大业三年又改为黔安郡”［（唐）李吉甫撰：《元和郡县图志》卷三十《江南道六》“黔州”条，中华书局，1983年，第735页］。可见，境内长期为蛮夷占据，隋代时期才重新恢复了郡县管辖。

二、黔 东 北

各时段窖藏和墓葬遗存的规模列表如下（表一七）。

表一七 黔东北窖藏和墓葬一览表

时段	窖藏	墓葬	
		土著文化因素	华夏文化因素
先秦时期			土坑墓： 务川。大坪
西汉时期			土坑墓： 务川。大坪、团堡
东汉时期	松桃。木树镇 正安。小雅镇 务川。镇南镇马蹄塘		砖（石）室墓： 务川。大坪、县城、沙坝、喻家 沿河。洪渡
六朝时期			

对比可见，黔东北的窖藏遗存与渝东南不同，仅零星出现在东汉中晚期阶段。根据铜洗和铜錞于的形制和装饰均与湘西、鄂西南所出相同来看，推断其来源与后者有关。

务川大坪墓葬出土铜扁壶、蒜头壶和鍪，可知境内最早的墓葬遗存属于战国晚期至秦，之后的墓葬文化面貌与巴蜀地区的汉文化无异。

不难发现，两汉时期境内形成了诸如务川大坪、沿河洪渡等几个大的聚集区。同样，其形成非渔猎经济所支撑。

务川大坪墓地发现大量埋葬朱砂的现象，墓主很可能与朱砂的开采或者管理有关，也有学者认为务川存在一条丹砂之路[①]。若此，境内汉文化遗存的出现以及聚集区的形成与朱砂矿业的开发和贸易存在关联。

六朝时期相关遗存的衰落，其原因与渝东南并无差异：东汉王朝的崩溃导致朱砂开采有关的经济活动停滞，之后巴蜀社会的剧烈动荡和僚人入蜀事件进一步加速了境内的荒废。

① 李飞：《丹砂之路：汉代务川朱砂的开采与汉文化南渐》，《当代贵州》2017年第23期。

三、澧水中上游

所出窖藏和墓葬遗存的规模和时段列表如下（表一八）。

表一八　澧水中上游窖藏和墓葬一览表

<table>
<tr><th rowspan="2">时段</th><th rowspan="2">窖藏</th><th colspan="2">墓葬</th></tr>
<tr><th>土著文化因素</th><th>楚、汉（华夏）文化因素</th></tr>
<tr><td>先秦时期</td><td>慈利。赵家岗乡三合村蒋家坪</td><td>土坑墓：
张家界。菜籽湾M12
慈利。石板M36</td><td>土坑墓：
桑植。朱家台
慈利。石板（除M36）
张家界。城区
石门。桅岗、古城堤</td></tr>
<tr><td>西汉时期或至东汉早期</td><td>石门。易家渡镇太子坡村、雁池乡金盆村
张家界。教字垭镇朝天山村熊家岗</td><td></td><td>土坑墓：
桑植。朱家台
张家界。三角坪
慈利。杨家巷、拣花村、水库凸、朱家凸、老官凸、齐龙岗、向家凸</td></tr>
<tr><td>东汉
中晚期</td><td>石门。磨市镇俄公山、新关镇安乐桥村熊家岗
慈利。零阳镇长见村化子坡</td><td></td><td>砖室墓：
桑植。南岔、李家湾、尚家坪、窑人包、达塔坪、上洞街、窑包
慈利。殷家岗
石门。营盘岗、曹家蓬、蔡家岗、陈家祠村、北洄、张家包
张家界。城区、南坪、矮垄上、河坎边、鱼合子、许家塔、吴家坪、安坪</td></tr>
<tr><td>六朝早期</td><td></td><td></td><td>砖室墓：
张家界。吴家坪、鱼合子、许家塔、南坪、矮垄上、河坎边
桑植。李家湾、尚家坪、窑人包、达塔坪、上洞街、窑包、南岔
石门。营盘岗、曹家蓬、蔡家岗、陈家祠村、北洄</td></tr>
</table>

根据表一八，分析如下。

（1）窖藏在先秦两汉时期均有出现，但数量有限。

（2）土著属性的墓葬零星发现且混杂于楚人墓地，表明战国中晚期当地土著便融入楚人的社会之中。

（3）楚、汉墓葬一直较为发达，至六朝早期亦无太大的衰落迹象。

可见，自东周时期开始，境内便形成较大规模的华夏社会聚集区，且维系至汉和六朝早期，与渝东南、黔东北有别。此外，鉴于铜器窖藏在两汉时期的发现，可知小型的蛮夷社会在两汉时期始终存在。

其形成的背景如何？可大致分析如下。

楚、汉聚集区在境内的出现，很可能与上游的铁矿开采有关，对此可以桑植一带发现的大量冶炼遗存为证[①]。至于聚集区在张家界、慈利和石门等地的出现，不排除因铁而兴出现类似矿产运输和贸易场所，相关墓葬遗存遂得以成片发现。

因铁而兴的经济生产同样也影响原来的土著，使得其亦参与其中，生活方式和社会形态便渐渐与华夏趋同，因此与之相关的墓葬等遗存难以发现。另外，早期阶段各王朝对蛮夷多施予轻徭薄赋之政，也进一步使得其倾向与华夏社会合作而非对抗，从而加速了其融入华夏的进程。

但进入东汉开始，当地蛮夷与中原王朝频频进行对抗，战争不断，文献大致如下。

> 及军至，耿舒欲从充道，援以为弃日费粮，不如进壶头，扼其喉咽，充贼自破[②]。
>
> 肃宗建初元年，武陵澧中蛮陈从等反叛，入零阳蛮界。其冬，零阳蛮五里精夫为郡击破从，从等皆降。三年冬，溇中蛮覃儿健等复反，攻烧零阳、作唐、孱陵界中。明年春，发荆州七郡及汝南、颍川弛刑徒吏士五千余人，拒守零阳，募充中五里蛮精夫不叛者四千人，击澧中贼……[③]
>
> 和帝永元四年冬，溇中、澧中蛮潭戎等反，燔烧邮亭，杀略吏民，郡兵击破降之。安帝元初二年，澧中蛮以郡县徭税失平，怀怨恨，遂结充中诸种二千余人，攻城杀长吏。州郡募五里蛮六亭兵追击破之，皆散降。赐五里、六亭渠帅金帛各有差。明年秋，溇中、澧中蛮四千人并为盗贼。又零陵蛮羊孙、陈汤等千余人，著赤帻，称将军，烧官寺，抄掠百姓。州郡

---

① 桑植县文物管理所：《湖南桑植县朱家台战国瓦窑和水井发掘报告》，《江汉考古》1994年第2期；张家界市文物工作队：《湖南桑植朱家台汉代铁器铸造作坊遗址发掘报告》，《考古学报》2003年第3期。

② 《后汉书》卷二四《马援列传》，中华书局，2007年，第254页。

③ 《后汉书》卷八六《南蛮西南夷列传》，中华书局，2007年，第834页。

募善蛮讨平之[①]。

顺帝永和元年……其冬澧中、溇中蛮果争贡布非旧约，遂杀乡吏，举种反叛。明年春，蛮二万人围充城，八千人寇夷道。遣武陵太守李进讨破之，斩首数百级，余皆降服。进乃简选良吏，得其情和。在郡九年，梁太后临朝，下诏增进秩二千石，赐钱二十万。桓帝元嘉元年秋，武陵蛮詹山等四千余人反叛，拘执县令，屯结深山。至永兴元年，太守应奉以恩信招诱，皆悉降散[②]。

永寿三年……冬，武陵蛮六千余人寇江陵，荆州刺史刘度、谒者马睦、南郡太守李肃皆奔走……武陵蛮亦更攻其郡，太守陈奉率吏人击破之，斩首三千余级，降者二千余人。至灵帝中平三年，武陵蛮复叛，寇郡界，州郡击破之[③]。

境内的蛮夷命名有“充贼”“澧中蛮”“溇中蛮”“充中五里蛮”“充中诸种”，可见多以所在区域命名，而上述文献笼统提到的“武陵蛮”，根据其“寇江陵”和武陵郡来看，也很可能为“澧中蛮”或“溇中蛮”。

既然蛮夷如此之盛，缘何相关遗存难以发现？当与其长久融入华夏社会、物质文化与汉人无别有关，“善蛮”的出现亦可证明。

不难发现，在东汉发生的众多叛乱中，郡县治所多成为蛮夷攻击的目标，甚至并非武陵郡的江陵也遭受攻击。同理，为保护境内的铁器生产和郡县及邻近的南郡中心江陵的安全，东汉王朝不得不加强对境内的驻军及其统治[④]。因此，东汉时期华夏文化遗存规模与西汉相比并无太大变化。

这种状态进入孙吴时期亦无改变。三国纷争，此区域邻近长江及陪都鄂城、宜昌、江陵等战略重地，其军事地位一度得以显现，从而继续获得孙吴的支持，“武陵蛮夷反乱，攻守城邑，乃以盖领太守。时郡兵才五百人，自以不敌，因开城门。贼半入，乃击之，斩首数百，余皆奔走，尽归邑落。诛讨魁帅，附从者赦之。自春讫夏，寇乱尽平。诸幽邃巴、醴、由、诞邑侯君长，皆改操易节，奉礼请见，郡境遂清”[⑤]。后来特地分武陵而增设天门郡加强管辖。

① 《后汉书》卷八六《南蛮西南夷列传》，中华书局，2007年，第834页。

② 《后汉书》卷八六《南蛮西南夷列传》，中华书局，2007年，第834页。

③ 《后汉书》卷八六《南蛮西南夷列传》，中华书局，2007年，第834页。

④ 根据古人堤简牍，可知境内驻扎屯兵。魏斌：《古人堤简牍与东汉武陵蛮》，《“中央研究院”历史语言研究所集刊》第85本第1分，2014年。

⑤ 《三国志》卷五五《吴书·黄盖传》，天津古籍出版社，2009年，第735页。

从东晋开始，北方对建康政权的直接威胁主要停留在汉江中游至江淮一带，湘西东部的战略地位急剧下降，沦落为人力和物力供给的大后方[①]。由于频遭掠夺，境内反抗不断。据文献，“世祖大明中，建平蛮向光侯寇暴峡川，巴东太守王济、荆州刺史朱修之遣军讨之，光侯走清江。清江去巴东千余里。时巴东、建平、宜都、天门四郡蛮为寇，诸郡民户流散，百不存一，太宗、顺帝世尤甚，虽遣攻伐，终不能禁，荆州为之虚敝”[②]。

因此，华夏型社会秩序在西汉至六朝早期始终得以维系，相关遗存亦持续发现，直至东晋开始才急剧衰败。

四、清江流域

窖藏和墓葬遗存的规模和时段列表如下（表一九）。

表一九　清江流域窖藏和墓葬一览表

时段	窖藏	墓葬	
		土著文化因素	华夏文化因素
先秦时期	建始。高坪镇反洼坡、官店镇白沙村 恩施。屯堡乡半云庵村	岩洞墓： 长阳。深潭湾、香炉石	
西汉或至东汉早期	长阳。鸭子口乡千渔坪村、城关三里店、贺家坪镇春潮六队、榔坪镇杨林头、磨市镇渔泉村 咸丰。白水坝、高乐山镇、朝阳寺镇水井朝村马鞍山 利川。忠路镇、谋道镇四合村、凉雾乡花梨岭村 建始。红岩寺镇河水坪村 巴东。大支坪镇野三河大桥上野三坝村、清太坪镇白沙坪村 恩施。屯堡乡大树村 五峰。长乐坪镇莲花岩村	岩洞墓： 长阳。深潭湾、香炉石	

① 有学者认为，“孙氏集团占据荆州后，通过伐蛮战事俘获武陵、长沙地区大量蛮人，以之补充兵源与劳力，甚至投放至人口买卖市场，以此加强了对长江以南荆州部分的统治。”见雷虹霁、关惠丹：《汉魏之际长江中游的群蛮动向与“内地的边缘”》，《贵州民族研究》2020年第11期。

② 《宋书》卷九七《夷蛮传》“荆雍州蛮”条，中华书局，1974年，第2397页。

续表

时段	窖藏	墓葬	
		土著文化因素	华夏文化因素
东汉中晚期	宜昌。土城乡三岔口村 长阳。榔坪镇渠安头村、榔坪镇榔坪村、榔坪镇关口垭村、渔峡口镇回龙坳村、都镇湾镇十五溪村青家坡 咸丰。活龙坪乡缘化村断桥湾、坪坝营镇合丰、清坪镇南家沟村、曲江镇春光村、坪坝营镇墨池寺村 来凤。翔凤镇接龙桥村、翔凤镇沿山坝村、翔凤镇东大坪村、百福司镇河东村 利川。建南镇箭竹溪（1984年）、建南镇箭竹溪（1976年）、谋道镇蚂蟥村、建南镇（1984年） 建始。城郊、苏坪村、业州镇罗家坝村、景阳镇革塘坝村、茅田乡阳坡村、长梁镇子母塘村、官店镇刘家垉村、长梁镇盛竹坝、长梁镇三块碑村 巴东。沿渡河镇三岔村、大支坪镇水谷坝村、官渡口镇火峰村、大支坪镇连三坡村、大支坪镇耀英坪村 恩施。崔家坝镇向家湾、新塘镇、白杨坪镇熊家岩村、小渡船街道大龙潭村、恩施市、小渡船街道大龙潭小村、白杨坪镇麻竹园村、白杨坪镇熊家岩村、盛家坝乡大集村、白果乡金龙坝村 鹤峰。城关鸡公洞、县城新华书店基建工地、中营镇姜家坡村 宣恩。椒园镇三河沟村 五峰。长乐坪镇洞口村 秭归。杨林桥镇下马台村、水田坝乡马营村		砖（石）室墓： 长阳。天池口、陈家沱、枇杷溪、腰磨岭、土地岭、固仓坪、州衙坪、静安 利川。龙水
六朝时期		竖穴土坑墓： 来凤。老屋场 岩洞墓： 来凤。仙人洞	券顶砖室墓： 长阳。鸭子口、白庙

根据表一九，分析如下：

（1）窖藏出现于先秦，兴盛于两汉，之后衰亡。

（2）土著墓葬零星发现于先秦、西汉及六朝时期。

（3）汉文化墓葬仅出现在东汉中晚期，六朝时期零星发现。

（4）对比窖藏与墓葬的分布区域，可知窖藏的分布十分广泛，且多集中在清江中上游；墓葬则集中在清江下游。

可见，汉人对境内的开发较晚，且分布区域有限，呈现出蛮夷强盛、汉人衰微的总体印记。

据载，“巴郡南郡蛮，本有五姓：巴氏、樊氏、瞫氏、相氏、郑氏。皆出于武落钟离山……唯务相独浮。因共立之，是为廪君。乃乘土船，从夷水至盐阳。盐水有神女，谓廪君曰：‘此地广大，鱼盐所出，愿留共居。’廪君不许。盐神暮辄来取宿，旦即化为虫，与诸虫群飞，掩蔽日光，天地晦冥。积十余日，廪君伺其便，因射杀之，天乃开明。廪君于是君乎夷城，四姓皆臣之。廪君死，魂魄世为白虎。巴氏以虎饮人血，遂以人祠焉。”①可知商周时期巴人在境内主要进行渔猎生产②。

“及秦惠王并巴中，以巴氏为蛮夷君长，世尚秦女，其民爵比不更，有罪得以爵除。其君长岁出赋二千一十六钱，三岁一出义赋千八百钱。其民户出幏布八丈二尺，鸡羽三十鍭。汉兴，南郡太守靳强请一依秦时故事。”③

可见秦和西汉时期，中央王朝并未对境内实行编户齐民式的统治，由于无须投入人力和物力，故境内的汉文化遗存较为有限。在缺乏技术输入的背景下，当地的经济生产和社会聚落形态难以发生质的变化。不过也恰恰源于此，境内的土著社会免受掠夺，人口自然繁殖，故土著特征的窖藏和墓葬遗存得以出现和维系。但也必须看到，渔猎型的经济形态难以支撑大型聚落的形成和发展，导致相关墓葬遗存少且分散从而难以发现。

“至建武二十三年，南郡潳山蛮雷迁等始反叛，寇掠百姓，遣武威将军刘尚将万余人讨破之，徙其种人七千余口置江夏界中，今沔中蛮是也。和帝永元十三年，巫蛮许圣等以郡收税不均，怀怨恨，遂屯聚反叛。”④可知进入东汉，赋税政策的变化，使得境内的潳山蛮和附近的巫蛮纷纷反抗。

---

① 《后汉书》卷八六《巴郡南郡蛮列传》，中华书局，2007年，第837页。

② 根据文献，似乎存在盐业生产。但奇怪的是，清江流域尚未发现类似三峡地区早期盐业制作的器类。

③ 《后汉书》卷八六《巴郡南郡蛮列传》，中华书局，2007年，第838页。

④ 《后汉书》卷八六《巴郡南郡蛮列传》，中华书局，2007年，第838页。

鉴于清江口与宜昌邻近的地理位置，疑长阳一带汉文化遗存的出现与军事有关，旨在提防峡江境内和清江上游的蛮夷。

三国时期，此区域作为西蜀和东吴的纷争之地，当地蛮夷均卷入蜀、吴及后来的晋、吴战争之中。

“黄武元年，刘备率大众来向西界。权命逊为大都督，假节，督朱然、潘璋、宋谦、韩当、徐盛、鲜于丹、孙桓等五万人拒之。备从巫峡、建平连平连围，至夷陵界，立数十屯。以金锦爵赏，诱动诸夷。”[①]

“（章武元年）秋七月，遂帅诸军伐吴。孙权遣书请和，先主盛怒不许，吴将陆议、李异、刘阿等屯巫、秭归；将军吴班、冯习自巫攻破异等，军次秭归，武陵五溪蛮夷遣使请兵……二月，先主自秭归率将进军，缘山截岭，于夷道猇亭驻营，自佷山，通武陵。遣侍中马良安慰五溪蛮夷，咸相率响应。”[②]

“是岁，刘备帅军来伐，至巫山、秭归，使使诱导武陵蛮夷，假与印传，许之封赏。于是诸县，及五溪民皆反为蜀。”[③]

同书“凤凰元年，西陵督步阐据城以叛，遣使降晋。抗闻之，日部分诸军，令将军左奕、吾彦、蔡贡等，径赴西陵，敕军营更筑严围……如使西陵盘结，则南山群夷，皆当扰动。”[④]

境内窖藏在东汉之后的消亡，很可能与汉末三国初期这些战争导致的破坏有关。

鉴于清江下游的战略地位，出于管控的需要，当地被纳入建平郡的管辖，故当地蛮夷往往被冠名为“建平夷”“建平蛮”。据文献，“晋太兴三年，建平夷王向弘、向瑾等诣台求拜除，尚书郎张亮议：‘夷貊不可假以军号。’元帝诏特以弘为折冲将军、当平乡侯，并亲晋王，赐以朝服”[⑤]。1958年恩施三岔乡莲花池出土“晋蛮夷归义侯”印章可知晋王朝的安抚之政[⑥]。

---

① 《三国志》卷五八《吴书·陆逊传》，天津古籍出版社，2009年，第773页。1989年于恩施市白杨坪镇九根树村出土“吴率夷中郎将”银质印章，可知孙吴势力的介入。https://www.163.com/dy/article/FE2RTOTI0521HH20.html。

② 《三国志》卷三二《蜀书·先主传》，天津古籍出版社，2009年，第502页。

③ 《三国志》卷四七《吴书·吴主孙权传》，天津古籍出版社，2009年，第642页。

④ 《三国志》卷五八《吴书·陆逊传》，天津古籍出版社，2009年，第778页。

⑤ 《南齐书》卷五八《蛮传》，中华书局，1972年，第1008页。

⑥ 刘庆平主编：《武汉馆藏文物精粹》，武汉出版社，2006年，第213页。

“世祖大明中，建平蛮向光侯寇暴峡川，巴东太守王济、荆州刺史朱修之遣军讨之，光侯走清江。清江去巴东千余里。时巴东、建平、宜都、天门四郡蛮为寇，诸郡民户流散，百不存一，太宗、顺帝世尤甚，虽遣攻伐，终不能禁，荆州为之虚敝。”①

沿长江一带汉人社会“虚敝”，清江境内自然更加无法发展，从而始终维持低水平的状态，相关遗存不多见。至于更加偏僻的上游地区，汉代之后的很长时段仅有零星的岩洞墓分布。

《太平御览》卷一七一《江南道下》“施州”引《十道志》：载“周武帝建德二年，酋长向邹兄弟四人相率内附，置施州”②。

据《隋书》卷六五《周法尚传》载隋炀帝时，“黔安夷向思多反，杀将军鹿愿，围太守萧造，法尚与将军李景分路讨之。法尚击思多于清江，破之。斩首三千级”③。

《北史》卷七五《郭荣传》载：“后黔安首领田罗驹阻清江作乱，夷陵诸郡人夷多应者，诏荣击平之”④。

频繁出现的夷王、酋长均为向氏或田氏，可知境内已形成大姓长期控制的局面，而境内发现的岩洞墓很可能是这些蛮夷的遗存。

五、沅水中上游地区

不同时段窖藏和墓葬遗存的规模列表如下（表二〇）。

---

① 《宋书》卷九七《夷蛮传》“荆雍州蛮”条，中华书局，1974年，第2397页。

② 《太平御览》卷一七一《江南道下》“施州”条，中华书局，1963年，第836页。

③ 《隋书》卷六五《周法尚传》，中华书局，1973年，第1529页。

④ 《北史》卷七五《郭荣传》，中华书局，1974年，第2575页。

表二〇　沅水中上游窖藏和墓葬一览表

时段	窖藏	墓地	
		土著文化因素	楚、汉（华夏）文化因素
先秦时期	保靖。白坪、毛沟镇（1977年） 泸溪。潭溪镇大陂流村 靖州。渠阳镇春明村断桥	土坑墓： 溆浦。大江口；茅坪坳M22、M14；马田坪M32、M34、M64、M121 保靖。四方城M14、M6、M75、M69；麦茶M19、M21、M37、M39、M52、M54、M67、M91、M93、M109、M321、M341、M367 沅陵。窑头M1105、M1108、M1123、M1137、M1144、M1160、M1170 龙山。里耶李拐堡M10、M21、M29、M30、M39 古丈。白鹤湾M1、M3、M6、M17、M31、M33、M64 泸溪。桐木垅M6、M7、M8、M61 靖州。鸬鹚江 中方。竹子园M12 岩洞墓： 永顺。不二门	土坑墓： 溆浦。茅坪坳、高低村、马田坪、江口、商顶坡、赵家庄 黔阳。黔城 辰溪。米家滩、黄土坡 保靖。四方城、麦茶 沅陵。木形山、木马岭、窑头 龙山。里耶李拐堡 古丈。白鹤湾、河西 泸溪。桐木垅 永顺。王村 靖州。团结村 中方。竹子园

续表

时段	窖藏	墓地	
		土著文化因素	楚、汉（华夏）文化因素
西汉时期			土坑墓： 溆浦。江口、大江口、茅坪坳、马田坪、商顶坡、赵家庄 古丈。河西、白鹤湾 靖州。团结村 怀化。市区、城区 洪江。张古坳、枫木坪 保靖。粟家坨、黄连、四方城、清水坪、大板 泸溪。桐木垅、回龙庵、上庵、后冲 沅陵。窑头 中方。竹子园 永顺。王村 辰溪。六龙山、白浪坪、高岩坎、桐木岭 麻阳。骡子村、碾子坳 芷江。大步头

续表

时段	窖藏	墓地	
		土著文化因素	楚、汉（华夏）文化因素
东汉中晚期	龙山。召市镇招头寨村、民安街道红星村、洗车河镇齐心村、龙头镇、红岩溪镇统西村青龙嘴、红岩溪镇（1986年）、红岩溪镇（1988年）、里耶镇湾谭、农车镇花桥村 永顺。灵溪镇鲁纳村、灵溪镇泽子溪村 保靖。迁陵镇大月坡社区龙马嘴、毛沟镇多乐村、迁陵镇龚家湾村、清水坪镇大坝村、碗米坡镇上家村 花垣。龙潭镇大坪村、花垣镇凉水井村、花垣镇、花垣镇长兴村杨家寨、龙潭镇金溶村、吉卫镇排达村、花垣镇兴农园小区 古丈。红石林镇河西村、古阳镇达沙村 吉首。河溪镇永固村、镇溪街道吉新社区大田湾村、乾州纱厂、马颈坳镇、吉凤街道双合村、河溪镇岩排村后头溪、镇溪街道石家冲社区漆树湾、吉首市区振武营 凤凰。竿子坪镇牯牛坪村（1976年）、阿拉营镇西牛村、千工坪镇岩六屯村、阿拉营镇黄合社区 泸溪。潭溪镇、潭溪镇小灵		砖（石）室墓： 保靖。洞庭、金鸡窝、庙堡山 永顺。王村、官坟堡、徭人包、周官塔、窑厂、袁家寨、杜家寨、高坪、涂家台、杨家村、徭人垌、银子偏坡、周家坪、徭二堡、罗家嘴 龙山。唐家堡、徭人包 竖穴土坑墓： 保靖。洞庭牛肚湾
六朝早期		土坑墓： 靖州。鸬鹚江	砖（石）室墓： 保靖。四方城、金鸡窝 永顺。官坟堡、徭人包、周官塔、窑厂、袁家寨、杜家寨、高坪、涂家台、杨家村、徭人垌、银子偏坡、周家坪、徭二堡、罗家嘴

根据表二〇，观察如下：

（1）窖藏出现在先秦，盛行于东汉；主要集中分布在中北部。

（2）土著墓葬有一定的规模，但均与楚、汉墓同出，尚未发现独立、成片的墓地。

（3）楚、汉墓葬盛行于战国中晚期至西汉，东汉至六朝早期规模、分布范围收缩，仅发现于北部的酉水流域。

下面便对上述现象发生的背景展开分析。

根据境内发现的大量楚和西汉墓葬来看，可知战国中晚期开始华夏社会对境内进行了开发，且形成众多的大型聚集区，分散在溆浦、沅陵、中方、古丈等地。

其开发动机同样离不开当地资源。从目前发现的考古材料来看，至少涉及漆、朱砂、铜、滑石等产业，分析如下。

（1）滑石。在溆浦、怀化、洪江、保靖等地均发现大量的滑石器，器类覆盖生活中的方方面面，甚至还有面具之类①，种类和数量之多为其他地区罕见。其来源当在本地。

（2）铜。战国时期楚人便对位于麻阳的铜矿进行了开采②。近年来，在保靖四方城亦发现了汉代铜矿冶炼遗址。此外，境内铜器的使用较为普及，以发掘较为完整的里耶清水坪墓地为例，在发掘的225座墓葬中出土铜器的墓葬占一半以上，所出铜器数量有450余件，器类有鼎、壶、扁壶、钫、鍪、釜、盒、洗、熏炉、灯、卮、酒樽、甗、鐎壶、温鍪、鉦镂、钵、灶等。如此丰富的铜器，其原料主体应该来源于本地。

（3）朱砂。据研究，长沙马王堆汉墓所出漆棺和漆耳杯、鼎、壶的彩绘便使用了朱砂③，其来源于辰溪一带。

（4）漆。根据长沙谷山被盗汉墓所出漆器铭文，可知沅阳、酉阳、沅陵、辰

---

① 杨慧婷、刘洋：《沅水中游战国秦汉墓出土滑石璧汇考》，段晓明主编：《湖南博物院院刊》（第18辑），岳麓书社，2023年，第303～315页；李利人：《湖南战国两汉时期的滑石器》，湖南省文物考古研究所、湖南省考古学会：《湖南考古辑刊》（第五集），《求索》增刊，1989年，第183～191页。

② 湖南省博物馆、麻阳铜矿：《湖南麻阳战国时期古铜矿清理简报》，《考古》1985年第2期。

③ 周绍绳：《从长沙马王堆出土的漆棺和漆器看我国古代涂料工业的发展》，《建筑技术》1976年第4期；王景勇、周双林、杨琴：《满城汉墓彩陶红色涂层的分析》，《文物春秋》2010年第5期。

阳、义陵等地生产制作漆器，器类有耳杯、盘等，均有彩绘[①]。

楚和西汉时期境内众多矿产资源的开采和手工业的形成，促进了沅水中上游与境外商贸活动的开展和繁荣，涉及区域大致如下。

（1）湘江下游、沅水下游一带。输出有漆器、朱砂、滑石、铜料或部分铜器，输入除了盐、铁[②]和粮食[③]外，可能还有部分铜器，如鼎、壶、钫、熏炉、酒樽等，不排除鉐镂等关东器亦借此辗转而至。

（2）西南地区。输出的可能有漆器和铜料，输入的则有铜器如鍪、釜、温鍪之类。此外，境内所需的食盐很可能主要来自西南一带[④]。

（3）江东一带。输出的可能有漆器和铜料，输入的有陶瓷器，如壶和瓿[⑤]。

---

① 邱东联、潘钰、李梦璋：《简析长沙市博物馆2009年度征集的一批西汉漆耳杯》，陈建明主编：《湖南省博物馆馆刊》（第六辑），岳麓书社，2010年，第369～379页；何旭红：《对长沙谷山被盗汉墓漆器铭文的初步认识》，陈建明主编：《湖南省博物馆馆刊》（第六辑），岳麓书社，2010年，第392～401页。此外，里耶秦简9-796载“髤（漆）园佐氏□”，可知当地有生漆的生产和负责生产的官吏。参见陈伟：《里耶秦简牍校释》（第二卷），武汉大学出版社，2018年，第207页。

② 不排除部分铁器可能来自澧水中游，目前在桑植县朱家台遗址发现了冶铁遗存。参见张家界市文物工作队：《湖南桑植朱家台汉代铁器铸造作坊遗址发掘报告》，《考古学报》2003年第3期。

③ 里耶秦简和长沙五一广场东汉简均有关于从外地调入粮食的记载，可做参考。参见陈伟：《里耶秦简牍校释》（第一卷），武汉大学出版社，2012年，第191页；长沙市文物考古研究所：《湖南长沙五一广场东汉简牍发掘简报》，《文物》2013年第6期。

④ 湘西境内不产盐，所需均来自外地。里耶所出8-650+8-1462简有记载涪陵与迁陵之间存在盐的买卖。可做参考。参见陈伟：《里耶秦简牍校释》（第一卷），武汉大学出版社，2012年，第191页。

⑤ 江东陶瓷器在境内有如下分布地点：溆浦马田坪，壶12件［湖南省博物馆、怀化地区文物工作队：《湖南溆浦马田坪战国西汉墓发掘报告》，湖南省博物馆、湖南省考古学会合编：《湖南考古辑刊》（第二集），岳麓书社，1984年，第33～69页］；洪江黔城镇，壶1件（湖南省文物考古研究所、湖南怀化市博物馆、湖南洪江市芙蓉楼管理所：《湖南洪江市黔城镇张古坳、枫木坪西汉墓发掘简报》，《南方文物》2008年第4期）；保靖里耶，壶13件、瓿2件（湖南省文物考古研究所：《里耶发掘报告》，岳麓书社，2007年，第460、463、625页）；保靖黄连，瓿1件［湘西自治州文物管理处、保靖县文物管理所：《湖南保靖黄连古墓葬发掘报告》，湖南省文物考古研究所、湖南省考古学会合编：《湖南考古》（2002上），岳麓书社，2004年，第230～253页］；古丈白鹤湾，壶1件［湘西自治州文物管理处、古丈县文物管理所：《古丈县白鹤湾战国西汉墓发掘报告》，湖南省文物考古研究所、湖南省考古学会合编：《湖南考古》（2002上），岳麓书社，2004年，第147～173页］。

（4）岭南境内。输出器无法考证，但输入的有刻纹铜盒、碗和青瓷圆壶[①]等。

繁荣的商贸活动导致了境内与境外人员的大量流动，其中不排除部分定居性移民的可能性。根据保靖里耶清水坪墓地中大量铜鍪、釜与铜鼎、壶、钫同出，且所出铜器数量超越湘西其他地区甚至长沙一带来看，背后的人群很可能为巴蜀一带的移民，且身份不低，疑参与境内铜矿的开采和铜器的生产制作或管理。

资源开采、加工和贸易所带来的经济发展，使得境内的人口得以恢复和增长，出于管理和服务，相关的华夏社会聚落得以形成。至西汉末期武陵郡的人口便有三万多户[②]，可见境内华夏社会发展之规模，故境内楚、西汉时期的墓葬大量且呈规模出现。

在此形势下，境内土著人群也大体被纳入华夏社会的统治秩序之下，故罕见成片的土著墓葬和其他遗存。

东汉早期，形势剧变，东汉王朝与当地蛮夷发生强烈的冲突，由此产生的破坏不难想象，即无论是土著还是华夏社会均受其害。

但从表二〇可见，沅水中上游的南部罕见东汉中晚期的墓葬或窖藏遗存，而北部不然。其原因，很可能与东汉早期的战争主要发生在溆浦、沅陵一带有关，有文献为证。

> 二十四年，武威将军刘尚击武陵五溪蛮夷，深入，军没[③]。
>
> 建武二十三年，精夫相单程等据其险隘，大寇郡县。遣武威将军刘尚发南郡、长沙、武陵兵万余人，乘船溯沅水入武溪击之。尚轻敌入险，山深水疾，舟船不得上。蛮氏知尚粮少入远，又不晓道径，遂屯聚守险。尚食尽引还，蛮缘路徼战，尚军大败，悉为所没。二十四年，相单程等下攻临沅，遣谒者李嵩、中山太守马成击之，不能克。明年春，遣伏波将军

---

① 主要发现于保靖里耶清水坪M248和大板墓地。清水坪M248出土刻纹铜盒和铜钵、大板M9出土青瓷壶（湖南省文物考古研究所：《里耶发掘报告》，岳麓书社，2007年，第494、502、613页）。

② 据《汉书·贾谊传》，“长沙乃在二万五千户耳”（《汉书》卷四八《贾谊列传》，中华书局，2007年，第488页）。据《汉书·地理志》，元始二年（公元2年）武陵郡的人口“户三万四千一百七十七，口十八万五千七百五十八”（《汉书》卷二八上《地理志》，中华书局，2007年，第294页）。

③ 《后汉书》卷二四《马援列传》，中华书局，2007年，第254页。

马援、中郎将刘匡、马武、孙永等，将兵至临沅，击破之。单程等饥困乞降，会援病卒，谒者宗均听悉受降。为置吏司，群蛮遂平[①]。

主要战事发生在沅陵、溆浦及邻近地区，这些地区自然遭受的破坏最大，因此相对而言南部境内相关遗存甚至墓葬亦罕见。不过，战争之后缘何依然未发现相关遗存，如华夏型的墓葬？则很可能与光武政权放弃或减少对南部的统治管辖有紧密关联[②]。

北部地区相对战争之地较远，遭受的破坏可能相对轻微，故境内的华夏社会和生产经营得以维系。叛乱平息之后，东汉政府将境内的部分县裁并，武陵郡的统治重心转移至沅水和澧水下游一带，境内华夏社会由于缺乏外面的支持从而渐渐式微，但蛮夷社会不然。据文献，“（宋均）乃矫制调伏波司马吕种守沅陵长，命种奉诏书入虏营，告以恩信，因勒兵随其后。蛮夷震怖，即共斩其大帅而降，于是入贼营，散其众遣归本郡，为置长吏而还”[③]，可见在无力恢复以前华夏社会统治秩序的条件下，东汉王朝只好与蛮夷社会达成妥协“告以恩信”，表明以前的轻徭薄赋之政恢复，“置长吏”的措施则使得当地蛮夷首领得以参与或部分掌控地方权力，从而承认了蛮夷对境内社会秩序的掌控。若此，很可能土著大姓掌控了当地的社会秩序，从而形成了土著和华夏混合型而非楚、西汉时期典型的华夏社会形态。

若此，北部地区东汉中晚期窖藏数量增加和分布范围扩大的原因便不难理解。至于墓葬得以维系，原因在于其属性难以确定，在融合型的社会之中，土著蛮夷和当地华夏在物质方面并无太大差异。

窖藏铜器数量和种类的增加，其原因不排除华夏社会式微后当地铜器的生产制作被蛮夷控制的可能。对此，可从传统响（乐）器如錞于、钲、钟之类的数量略知一二。东汉中晚期之前响（乐）器数量为33件，之后的数量快速发展为96件[④]。至于缘何窖藏铜器多为汉文化风格的圆壶、洗等，而传统响（乐）器并未占据主导，则可能存在以下因素。

---

① 《后汉书》卷八六《南蛮西南夷列传》，中华书局，2007年，第833、834页。

② 王万隽：《东汉至三国武陵郡的屯戍体系与武陵蛮》，《成大历史学报》第六十三号，2022年12月。

③ 《后汉书》卷四一《宋均列传》，中华书局，2007年，第412页。

④ 当然无法排除部分早期响（乐）器沿用，也无法排除东汉中晚期开始的窖藏仅埋藏响（乐）器。

（1）在长期与华夏社会的接触过程中，蛮夷首领集团亦呈现华夏化。

（2）部分汉人可能也成为蛮夷首领。部分早期的汉人并未跟随政府撤出而是继续留在境内参与生产经营。此外，境内相对于内郡轻徭薄赋或者免除赋税的优良待遇很难不吸引一些当地的汉人留下，甚至也有内郡的汉人逃入。

（3）当地社会的维系有赖于资源的开发和对外输出，以换取境外的盐和粮食之类①，从而决定了产品不得不适应汉地需求的属性，故产品与汉地无别。事实上，也发现部分铜器远销外地的现象，如寿县谷贝村②、合肥西郊乌龟墩③、丹阳瓜渚④、绍兴金刚庙⑤、当涂塔桥村⑥、合浦岭脚村⑦、襄阳樊城菜越⑧、南康荒塘村⑨、资兴东江水库⑩、郴州同和乡⑪、苍山柞城遗址⑫、章丘东平陵故城⑬、临泉古城南于

① 里耶秦简有不少关于从外地输入盐和粟的记载，可知当地缺盐少粮。可参阅陈伟：《里耶秦简牍校释》（第一卷），武汉大学出版社，2012年，第99、191页。另据《南齐书》卷五八《蛮传》所载"宋泰始以来，巴建蛮向宗头反，刺史沈攸之断其盐米"亦可为证。

② 寿县博物馆：《安徽寿县发现汉、唐遗物》，《考古》1989年第8期。

③ 安徽省博物馆筹备处清理小组：《合肥西郊乌龟墩古墓清理简报》，《文物》1956年第2期。

④ 镇江市博物馆、丹阳县文化馆：《江苏丹阳东汉墓》，《考古》1978年第3期。

⑤ 绍兴市文物管理处考古组：《浙江绍兴市发现东汉窖藏》，《文物》1991年第10期。

⑥ 王俊：《当涂县塔桥村出土一组东汉铜器》，《文物研究》编辑部：《文物研究》（第三期），黄山书社，1988年，第92～94页。

⑦ 广西壮族自治区文物工作队、合浦县博物馆：《广西合浦县岭脚村三国墓发掘报告》，广西壮族自治区文物工作队编：《广西考古文集》（第二辑），科学出版社，2006年，第324～359页。

⑧ 襄樊市文物考古研究所：《湖北襄樊樊城菜越三国墓发掘报告》，《考古学报》2013年第3期。

⑨ 赣州地区博物馆、南康县博物馆：《江西南康县荒塘东汉墓》，《考古》1996年第9期；朱思维、王维球：《南康三益东汉铜盉》，《南方文物》2001年第4期。

⑩ 罗敦静：《资兴县发现东汉时代的铜器》，《文物参考资料》1956年第8期。

⑪ 郴州地区文物队：《湖南汝城县、郴县发现一批古代青铜器》，《考古》1992年第8期。

⑫ 刘心健、刘自强：《山东苍山柞城遗址出土东汉铜器》，《文物》1983年第10期。

⑬ 宁荫棠、牛祺安：《山东章丘市东平陵故城出土汉代青铜器》，《文物》1997年第4期。

庄[①]、巩义芝田[②]、桐柏平氏镇[③]、西安东郊高庙村[④]、忠县涂井[⑤]、安顺宁谷[⑥]均发现沅水中上游制作的圆壶或洗。

无疑，上述因素的存在需要一个前提，即境内依然与外界保持联系。

东汉早期的战事结束之后，东汉王朝为防止中上游的蛮夷顺水而下进攻常德、长沙、江陵等富庶之地，故在下游地带增设了一些屯戍体系[⑦]。若此，沅水中上游与下游的来往很可能受到限制，不过也并非完全中断。除了与沅水下游的通道外，境内亦与西南、鄂西南等地保持联系，东汉中晚期窖藏所出铜器的来源和本土铜器的外销足以为证，对此不再赘述。

然而，和平稳定的时间并未持续多久，东汉末期四周动荡，三国混战，境内更是直接陷入吴、蜀纷争之中。

> 黄武元年，刘备率大众来向西界。权命逊为大都督，假节，督朱然、潘璋、宋谦、韩当、徐盛、鲜于丹、孙桓等五万人拒之。备从巫峡、建平连平连围，至夷陵界，立数十屯。以金锦爵赏，诱动诸夷[⑧]。
>
> （章武元年）秋七月，遂帅诸军伐吴。孙权遣书请和，先主盛怒不许，吴将陆议、李异、刘阿等屯巫、秭归；将军吴班、冯习自巫攻破异等，军次秭归，武陵五溪蛮夷遣使请兵……次年二月，先主自秭归率将进军，缘山截岭，于夷道猇亭驻营，自佷山，通武陵。遣侍中马良安慰五溪蛮夷，咸相率响应[⑨]。
>
> 是岁，刘备帅军来伐，至巫山、秭归，使使诱导武陵蛮夷，假与印

---

① 冯耀堂：《临泉古城南于庄出土一批汉代铜洗》，《文物研究》编辑部：《文物研究》（第5辑），黄山书社，1989年，第176、177页。

② 巩县文化馆：《河南巩县发现一批汉代铜器》，《考古》1974年第2期。

③ 赵世纲：《河南桐柏平氏镇发现汉代铜器》，《考古》1963年第12期。

④ 杨平：《西安北郊高庙北村出土的一批汉代铜器》，《文博》1986年2期。

⑤ 四川省文物管理委员会：《四川忠县涂井蜀汉崖墓》，《文物》1985年第7期。

⑥ 贵州省博物馆：《贵州安顺宁谷发现东汉墓》，《考古》1972年第2期。

⑦ 魏斌：《古人堤简牍与东汉武陵蛮》，《“中央研究院”历史语言研究所集刊》第85本第1分，2015年；王万隽：《东汉至三国武陵郡的屯戍体系与武陵蛮》，《成大历史学报》第六十三号，2022年12月。

⑧ 《三国志》卷五八《吴书·陆逊传》，天津古籍出版社，2009年，第773页。

⑨ 《三国志》卷三二《蜀书·先主传》，天津古籍出版社，2009年，第502页。

传，许之封赏。于是诸县，及五溪民皆反为蜀[①]。

公元231年，孙吴更是派遣五万大军深入武陵腹地对当地的武陵蛮进行长达数年的残酷镇压，即史载“三年春二月，遣太常潘濬率众五万讨武陵蛮夷”[②]；“五溪蛮夷，叛乱盘结，权假浚节，督诸军讨之。信赏必行，法不可干，斩首获生，盖以万数。自是群蛮衰弱，一方宁静”[③]。

“凤凰元年，西陵督步阐据城以叛，遣使降晋。抗闻之，日部分诸军，令将军左奕、吾彦、蔡贡等，径赴西陵，敕军营更筑严围……如使西陵盘结，则南山群夷，皆当扰动。”[④]

“武陵部从事樊伷诱导诸夷，图以武陵附汉中王备。”[⑤]

上述战争波及之地主要在境内的北部，其带来的影响便是窖藏遗存基本消亡，而墓葬遗存急剧减少。

之后境内依然不平静。

王澄为荆州，假詹督南平、天门、武陵三郡军事。及洛阳倾覆，詹攘袂流涕，劝澄赴援。澄使詹为檄，詹下笔便成，辞义壮烈，见者慷慨，然竟不能从也。天门、武陵溪蛮并反，詹讨降之。时政令不一，诸蛮怨望，并谋背叛[⑥]。

弢将王贡精卒三千，出武陵江，诱五溪夷，以舟师断官运，径向武昌[⑦]。

署中兵，出为安远护军、武陵内史。以讨刘毅功，封汉寿县子，食邑五百户。蛮帅向博抵根据阮头，屡为凶暴，镇恶讨平之[⑧]。

寻为安远护军、武陵内史。时沈攸之责赕，伐荆州界内诸蛮，遂及五

① 《三国志》卷四七《吴书·吴主孙权传》，天津古籍出版社，2009年，第642页。

② 《三国志》卷四七《吴书·吴主孙权传》，天津古籍出版社，2009年，第650页。

③ 《三国志》卷六一《吴书·潘濬传》，天津古籍出版社，2009年，第801页。

④ 《三国志》卷五八《吴书·陆逊传》，天津古籍出版社，2009年，第778页。

⑤ 《资治通鉴》卷六八《汉纪六十》，中华书局，1956年，第2169页。

⑥ 《晋书》卷七〇《应詹传》，中华书局，1974年，第1858页。

⑦ 《晋书》卷六六《陶侃传》，中华书局，1974年，第1772页。

⑧ 《宋书》卷四五《王镇恶传》，中华书局，1974年，第1368页。

溪，禁断鱼盐。群蛮怒，酉溪蛮王田头拟杀攸之使，攸之责赕千万，头拟输五百万，发气死。其弟娄侯篡立，头拟子田都走入獠中，于是蛮部大乱，抄掠平民，至郡城下。嶷遣队主张莫儿率将吏击破之。田都自獠中请立，而娄侯惧，亦归附。嶷诛娄侯于郡狱，命田都继其父，蛮众乃安①。

战乱不断，经济萎靡，人情难安，相关遗存自然不易发现。

六、结　　论

由上可知，武陵山区的文化遗存在不同区域的兴衰过程不尽相同，背后的原因也存在差异。

乌江流域的黔东北和渝东南一带，华夏社会的进入和相关遗存的成规模出现，均源于境内盐矿和朱砂的开发和贸易。受此影响，当地土著大体被纳入华夏社会体系之中，使得其遗存不易发现或辨别。东汉晚期随着王朝的崩溃，华夏势力退出境内，之后接踵而来的巴蜀动乱、僚人入蜀，其地基本被华夏势力抛弃，相关遗存罕见，直至隋唐时期恢复郡县设置，华夏遗存始才重新出现。

清江一带，楚、汉王朝并未深入开发，而出于清江口的军事战略需要，可能仅在清江与长江的交汇地带设置相关军事机构进行管控，故当前亦仅在下游一带发现成规模的楚、汉遗存。由于免受汉王朝的压迫，境内的蛮夷社会缓慢发展、人口自然繁殖，故窖藏和相关土著墓葬相比其他地区较为丰富。东汉末，当地土著介入了蜀汉与东吴的军事冲突，加上东吴之后的军事掠夺，境内深受其害。东晋开始，随着其战略地位的消失，难以为王朝重视而不得不抛弃，故境内发展缓慢，相关的遗存罕见。

澧水中上游，由于铁矿的发现和开采及其邻近武陵郡治和江陵郡治的军事战略地位，楚、汉政权对境内均加以重视和管辖，其结果便是境内华夏遗存大量出现。从东晋开始，其战略地位下降，华夏遗存就此衰落。

沅水中上游，境内的铜、朱砂、漆和滑石等矿产的发现为华夏社会的进入提供了动力。随着资源开采和相关贸易的开展，聚集型的华夏社会得以大规模形成，境内的土著大体被纳入华夏社会的体系之中，故多地出现成片的楚汉墓地，土著遗存

① 《南齐书》卷二二《豫章文献王列传》，中华书局，1972年，第405、406页。

零星出现。东汉早期的战争，迫使中原王朝基本放弃了境内核心区域的管辖而将其重心退缩至下游一带。受此影响，南部沦为战争中心区域并深受其害，相关遗存罕见。北部地区虽并非战争中心，所受的直接影响不大，但由于东汉王朝的退缩，其社会主导权可能转移至土著大姓之手，故窖藏遗存增加、分布范围扩大。汉末三国时期，蜀、吴战争和之后吴国对境内的掠夺统治，原有社会秩序遭到破坏，自此窖藏不复发现，墓葬遗存也急剧减少。东晋开始，继续遭到王朝势力的压迫和掠夺，经济难以发展，相关遗存自然更加稀疏且难以发现。

也不难看到，若非矿产的发现，武陵山区的经济和社会发展基本处于低水平状态。楚和西汉时期，矿业经济的存在及相关贸易经济的发展，改变了原先的人烟稀少、经济原始落后的局面，华夏社会聚落纷纷出现，境内的人员构成也以华夏为主。受其影响，各王朝早期多施以轻徭薄赋的统治政策，当地土著自觉或不自觉被纳入了华夏经济生产体系之中，也使得其生活方式渐渐华夏化并内部出现分化，从而出现类似善蛮或熟蛮之类①。需要注意的是，内地的汉人为躲避赋税，亦逃亡进入蛮夷境内，不排除武陵境内也成为逃亡之地。这些因素，也促使了土著与华夏的文化趋同。

东汉早期开始的战争，使得湘西多地社会发展中断。东汉末期中原王朝的崩溃、接踵而至的三国混战、西晋末期开始的动荡，基本摧毁了境内的经济业态，华夏人群占据主导的社会秩序遭到破坏。但残存的土著社会往往依赖于外面的世界②，以此不难发现三国开始境内蛮夷的活动重心基本在下游一带，如澧水下游、沅水下游、清江下游，但不幸的是，这些地区又容易遭受华夏势力的掠夺和压迫，故战争不断。相比之下，沅水中上游的社会发展则更加困顿，从而沦落为历史学界中的“内地的边缘”③。

---

① 文献有载，“安帝元初二年，澧中蛮以郡县徭税失平，怀怨恨，遂结充中诸种二千余人，攻城杀长吏。州郡募五里蛮六亭兵追击破之，皆散降。赐五里、六亭渠帅金帛各有差。明年秋，溇中、澧中蛮四千人并为盗贼。又零陵蛮羊孙、陈汤等千余人，著赤帻，称将军，烧官寺，抄掠百姓。州郡募善蛮讨平之。”见《后汉书》卷八六《南蛮西南夷列传》，中华书局，2007年，第834页。

② 据载，“时沈攸之责赕，伐荆州界内诸蛮，遂及五溪，禁断鱼盐。群蛮怒，酉溪蛮王田头拟杀攸之使，攸之责赕千万，头拟输五百万，发气死。其弟娄侯篡立，头拟子田都走入獠中，于是蛮部大乱，抄掠平民，至郡城下。嶷遣队主张莫儿率将吏击破之。田都自獠中请立，而娄侯惧，亦归附。嶷诛娄侯于郡狱，命田都继其父，蛮众乃安。”（《南齐书》卷二二《豫章文献王列传》，中华书局，1972年，第405、406页）；“宋泰始以来，巴建蛮向宗头反，刺史沈攸之断其盐米，连讨不克。”（《南齐书》卷五八《蛮传》，中华书局，1972年，第1008页）

③ 鲁西奇：《内地的边缘：传统中国内部的“化外之区”》，《学术月刊》2010年第5期。

余　论

《后汉书》卷八六《南蛮西南夷列传》提及武陵蛮，即“光武中兴，武陵蛮夷特盛”[①]。显然，此论乃范晔有感于东汉时期武陵蛮夷的频频反叛而发。武陵蛮夷在东汉反叛之剧和频繁确为历史罕见，且一度对中原王朝造成巨大的损失[②]。

古往今来，国家和民族强弱之分取决于人口的多寡。由此可知，东汉早期阶段武陵蛮的人口已经形成不小的规模。对比先秦时期，境内的文化遗存稀少，文化堆积薄，物质生产有限[③]，可见当时的经济水平低下、人口规模小。

若此，缘何经过西汉时期200年左右的发展，其人口规模就能发生如此重大变化？此外，西汉时期尚未见武陵蛮的任何活动，而东汉时期却频频反叛？

众所周知，人口的增长离不开经济的发展作为支撑。若两汉时期武陵蛮夷依然仅依赖于传统的渔猎经济，人口不可能得到较大规模的发展，除非其经济生产和生活方式发生重大变化。因为渔猎经济能够维系的人口规模十分有限，对此，先秦时

---

① 《后汉书》卷八六《南蛮西南夷列传》，中华书局，2007年，第833页。

② 《后汉书》卷四一《宋均列传》，“会武陵蛮反，围武威将军刘尚，诏使均乘传发江夏奔命三千人往救之。既至而尚已没。会伏波将军马援至，诏因令均监军，与诸将俱进，贼拒阸不得前。及马援卒于师，军士多温湿疾病，死者太半”（《后汉书》卷四一《宋均列传》，中华书局，2007年，第412页）；《后汉书》卷八六《南蛮西南夷列传》，“遣武威将军刘尚发南郡、长沙、武陵兵万余人，乘船溯沅水入武溪击之。尚轻敌入险，山深水疾，舟船不得上。蛮氏知尚粮少入远，又不晓道径，遂屯聚守险。尚食尽引还，蛮缘路徼战，尚军大败，悉为所没。二十四年，相单程等下攻临沅，遣谒者李嵩、中山太守马成击之，不能克。明年春，遣伏波将军马援、中郎将刘匡、马武、孙永等，将兵至临沅，击破之。单程等饥困乞降，会援病卒，谒者宗均听悉受降。为置吏司，群蛮遂平”（《后汉书》卷八六《南蛮西南夷列传》，中华书局，2007年，第834页）。

③ 可参阅以下相关资料：湖北省清江隔河岩考古队、湖北省文物考古研究所：《清江考古：长阳地区考古发掘报告》，科学出版社，2004年，第197～438页；重庆市文物考古所、重庆文化遗产保护中心、四川大学历史文化学院考古学系：《酉阳清源》，科学出版社，2009年，第203～209页；重庆市文物考古所、重庆文化遗产保护中心：《酉阳邹家坝》，科学出版社，2011年，第276～293页；柴焕波：《武陵山区古代文化概论》，岳麓书社，2004年，第27～33页。

期武陵境内墓葬稀少、文化堆积薄、面积有限等便是例证。

武陵境内多为山地，限于当时的生产技术，同样也难以发展出较大规模的农业经济。东汉时期武陵山区的粮食生产依然无法自给，尚依赖外地的输入便可为证①。因此，当地的农业经济对人口增加产生的作用也可忽视。

除了渔猎、农业外，武陵境内的经济生产则剩下矿业和与之有关的商业贸易。考古发现可知，境内的矿业和相关商贸经济活动基本由华夏社会控制：黔东北和渝东南地区对外输出朱砂和盐②，澧水中上游输出铁器③，酉水和沅水中上游输出漆器、铜矿、辰砂、滑石器等④，从而换取赖以生存的粮食等其他生活物品⑤。随之而来的便是一大批华夏生活聚落和墓地分布在河流的沿线，丰富的物品如铜器、铁

---

① 长沙市文物考古研究所：《湖南长沙五一广场东汉简牍发掘简报》，《文物》2013年第6期。

② 彭水境内发现的一些盐井遗址如飞水盐井、老郁山盐井、鸡鸣盐井［国家文物局主编：《中国文物地图集·重庆分册》（下），文物出版社，2010年，第473页］，附近则出现成片的汉代砖室墓地，如山谷公园［重庆市文化遗产研究院、彭水县文物管理所：《重庆彭水县山谷公园墓群发掘报告》，四川大学博物馆、四川大学考古学系、成都文物考古研究院编：《南方民族考古》（第十一辑），科学出版社，2015年，第323～343页］、郁山黄泥坝、偏坝、庙包、打岩场、中井坝汉墓群（卢洁：《重庆彭水县郁山镇东汉墓考古发现与研究》，重庆师范大学硕士学位论文，2014年，第6～26页）。在务川大坪墓地47座墓葬中，发现有24例埋葬朱砂。有学者认为务川存在一条丹砂之路（李飞：《丹砂之路：汉代务川朱砂的开采与汉文化南渐》，《当代贵州》2017年第23期）。

③ 张家界市文物工作队：《湖南桑植朱家台汉代铁器铸造作坊遗址发掘报告》，《考古学报》2003年第3期。

④ 杨慧婷、刘洋：《沅水中游战国秦汉墓出土滑石璧汇考》，段晓明主编：《湖南博物院院刊》（第十八辑），岳麓书社，2023年，第303～315页；李利人：《湖南战国两汉时期的滑石器》，湖南省文物考古研究所、湖南省考古学会合编：《湖南考古辑刊》（第五集），《求索》增刊，1989年，第183～191页；湖南省博物馆、麻阳铜矿：《湖南麻阳战国时期古铜矿清理简报》，《考古》1985年第2期；邱东联、潘钰、李梦璋：《简析长沙市博物馆2009年度征集的一批西汉漆耳杯》，陈建明主编：《湖南省博物馆馆刊》（第六辑），岳麓书社，2010年，第369～379页；何旭红：《对长沙谷山被盗汉墓漆器铭文的初步认识》，陈建明主编：《湖南省博物馆馆刊》（第六辑），岳麓书社，2010年，第392～401页。此外，里耶秦简9-796载“桼（漆）园佐氏□”，可知当地有生漆的生产和负责生产的官吏。参见陈伟主编：《里耶秦简牍校释》（第二卷），武汉大学出版社，2018年，第207页。

⑤ 里耶秦简和长沙五一广场东汉简均有从外地调入粮食的记载，可做参考。参见陈伟主编：《里耶秦简牍校释》（第一卷），武汉大学出版社，2012年，第191页；长沙市文物考古研究所：《湖南长沙五一广场东汉简牍发掘简报》，《文物》2013年第6期。

器、钱币、陶瓷器等涌现，造型与内地无别（里耶清水坪和大板墓地所出铜器数量比重甚至远超内地[①]）。

境内矿业经济繁荣、商贸之风炽热，自然也波及当地的土著蛮夷，他们从事矿产开采或参与运输和买卖，其生活方式渐渐与汉人无别（因此两汉时期具有确切蛮夷特征的墓葬遗存罕见），势必也促进了其人口的增长[②]。

既然武陵蛮的人口在西汉时期已经有了较大发展，规模也不小，那么缘何西汉时期未见其有关活动，而在东汉早期开始便频频叛乱？

据文献，东汉王朝赋税政策的变化乃蛮夷叛乱的直接诱因。例如，“和帝永元十三年，巫蛮许圣等以郡收税不均，怀怨恨，遂屯聚反叛”[③]；“安帝元初二年，澧中蛮以郡县徭税失平，怀怨恨，遂结充中诸种二千余人，攻城杀长吏”[④]。

《后汉书》卷八六《南蛮西南夷列传》对此亦有直接记载，“顺帝永和元年，

① 在清水坪发掘的225座墓葬中，出土铜器的墓葬占据一半以上，所出铜器数量450余件，器类有鼎、壶、扁壶、钫、鍪、釜、盒、洗、熏炉、灯、卮、酒樽、甗、鐎壶、温鍪、鉇镂、钵、灶等。参见湖南省文物考古研究所：《里耶发掘报告》，岳麓书社，2007年，第240～373页。

② 鉴于华、夷在赋税方面的巨大差异，不排除部分内地的汉人移民逃窜从而融入蛮夷社会之中，使得其人口也得以增加。对此，有文献为证，如：“及秦惠王并巴中，以巴氏为蛮夷君长，世尚秦女，其民爵比不更，有罪得以爵除。其君长岁出赋二千一十六钱，三岁一出义赋千八百钱。其民户出幏布八丈二尺，鸡羽三十鍭。汉兴，南郡太守靳彊请一依秦时故事”（《后汉书》卷八六《南蛮西南夷列传》，中华书局，2007年，第838页）；“其诸边郡或三分之二，远者三分之一。夷人输賨布，户一匹，远者或一丈。男子一人占田七十亩，女子三十亩。其外丁男课田五十亩，丁女二十亩，次丁男半之，女则不课。男女年十六已上至六十为正丁，十五已下至十三、六十一已上至六十五为次丁，十二已下六十六已上为老小，不事。远夷不课田者输义米，户三斛，远者五斗，极远者输算钱，人二十八文”，可知蛮夷与编户汉民在赋税方面的差异（《晋书》卷二六《食货志》，中华书局，1974年，第790页）。对此，还以略晚的刘宋时期为例。“荆、雍州蛮，槃瓠之后也。分建种落，布在诸郡县。荆州置南蛮、雍州置宁蛮校尉以领之。世祖初，罢南蛮并大府，而宁蛮如故。蛮民顺附者，一户输谷数斛，其余无杂调，而宋民赋役严苦，贫者不复堪命，多逃亡入蛮。蛮无徭役，强者又不供官税，结党连群，动有数百千人，州郡力弱，则起为盗贼，种类稍多，户口不可知也。所在多深险，居武陵者有雄溪、樠溪、辰溪、酉溪、舞溪，谓之五溪蛮。而宜都、天门、巴东、建平、江北诸郡蛮，所居皆深山重阻，人迹罕至焉。前世以来，屡为民患”（《宋书》卷九七《荆雍州蛮列传》，中华书局，1974年，第2396页）。不过在安土重迁的汉人社会，类似移民的规模应该不大，其产生的作用不应高估。

③ 《后汉书》卷八六《巴郡南郡蛮列传》，中华书局，2007年，第838页。

④ 《后汉书》卷八六《南蛮西南夷列传》，中华书局，2007年，第834页。

武陵太守上书，以蛮夷率服，可比汉人，增其租赋。议者皆以为可。尚书令虞诩独奏曰：‘自古圣王不臣异俗，非德不能及，威不能加，知其兽心贪婪，难率以礼。是故羁縻而绥抚之，附则受而不逆，叛则弃而不追。先帝旧典，贡税多少，所由来久矣。今猥增之，必有怨叛。计其所得，不偿所费，必有后悔。’帝不从，其冬澧中、溇中蛮果争贡布非旧约，遂杀乡吏，举种反叛。”①

若就东汉光武帝时期的武陵蛮叛乱而言，目前尚未显示其与赋税增加存在关联，否则不会出现顺帝时期武陵太守上书一事，因此另有他因。

西汉末期开始，中原动荡，虽然战乱未波及武陵境内，但原有的政治生态必然遭到破坏。缘于境内华夏社会的出现与矿业的开采和商贸有关，其维系严重依赖于外界，从而更容易受到外界的波及和冲击。当时武陵山区的四周如两湖、巴蜀等地纷纷动荡不已，商贸与生产活动停滞，境内的华夏社会势必难以维系而不得不崩溃或凋敝。

对此，考古学方面提供了一些线索。湘西境内，西汉时期的墓地遍布，如溆浦江口②、大江口③、茅坪坳④、马田坪⑤，怀化市区⑥、城区⑦，洪江张古坳、枫木

---

① 《后汉书》卷八六《南蛮西南夷列传》，中华书局，2007年，第834页。

② 溆浦县文化局：《溆浦江口战国、西汉墓》，湖南省博物馆、湖南省考古学会合编：《湖南考古辑刊》（第三集），岳麓书社，1986年，112～121页。

③ 怀化地区文物工作队、溆浦县文物管理所：《1990年湖南溆浦大江口战国西汉墓发掘简报》，《考古》1994年第1期。

④ 怀化市文物事业管理处：《湖南溆浦县茅坪坳战国西汉墓》，《考古》1999年第8期。

⑤ 湖南省博物馆、怀化地区文物工作队：《湖南溆浦马田坪战国西汉墓发掘报告》，湖南省博物馆、湖南省考古学会合编：《湖南考古辑刊》（第二集），岳麓书社，1984年，第38～69页；湖南省博物馆：《湖南溆浦马田坪战国、西汉墓》，文物编辑委员会：《文物资料丛刊》（10），文物出版社，1987年，第88～103页。

⑥ 怀化地区文物工作队：《湖南怀化西汉墓》，《文物》1988年第10期。

⑦ 怀化地区文物工作队：《湖南怀化市城区西汉墓发掘简报》，《南方文物》1992年第4期。

坪[①]，保靖粟家坨[②]、黄连[③]、四方城[④]、清水坪、大板[⑤]等，墓葬数量成千上万，而新莽时期的墓葬数量不超过百例，东汉早期的墓葬几乎未见。可见，新莽时期至东汉早期境内华夏社会的急剧衰退。

光武中兴，旨在重建各地的华夏社会秩序，武陵境内也不例外。但经过西汉末至战争爆发前的建武二十三年（公元47年），境内基本为蛮夷占据。在长期与华夏社会的交往过程中蛮夷也渐渐分化，除了"善蛮"外，亦出现了如相氏、陈（田）氏之类大姓并建立了其统治下的社会秩序。若此，东汉王朝欲构建新的社会秩序，则势必引起当地蛮夷的反抗，故两者的矛盾和冲突不断。在湘西境内，这种冲突最终以东汉王朝的失败和妥协而结束。

消停不久，东汉中晚期开始境内蛮夷反叛再起，其导火索即上文提及的增加赋税。缘何东汉王朝频频改变以前的赋税政策，且提出"以蛮夷率服，可比汉人，增其租赋"之类缘由？其根本原因，很可能与中央财政的紧张有关。就湘西而言，境内主体经济即矿业经济的主导权发生转移可能为诱因。

楚、西汉时期，矿业和盐铁等主要由政府主导，政府获利巨大，境内有关蛮夷的人口赋税尚未入其法眼，当然也不排除当时政策约束的可能。但到了东汉中晚期不然，多数的矿业和手工业制造主导权集中在地方豪强手中，政府受益不多，为了

---

① 湖南省文物考古研究所、湖南怀化市博物馆、湖南洪江市芙蓉楼管理所：《湖南洪江市黔城镇张古坳、枫木坪西汉墓发掘简报》，《南方文物》2008年第4期。

② 湘西土家族苗族自治州文物工作队：《湖南保靖粟家沱西汉墓发掘简报》，《考古》1985年第9期。

③ 刘长治：《保靖县清理一座东汉墓》，湖南省博物馆、湖南省考古学会合编：《湖南考古辑刊》（第二集），岳麓书社，1984年，第205页；湘西自治州文物管理处、保靖县文物管理所：《湖南保靖黄连古墓葬发掘报告》，湖南省文物考古研究所、湖南省考古学会：《湖南考古》（2002上），岳麓书社，2004年，第230～253页。

④ 湘西自治州文物管理处、保靖县文物管理所：《保靖四方城战国、汉代墓葬发掘报告》，湖南省文物考古研究所、湖南省考古学会：《湖南考古》（2002上），岳麓书社，2004年，第174～224页。

⑤ 湖南省文物考古研究所：《里耶发掘报告》，岳麓书社，2007年，第374～650页。

维持运营，地方和中央政府便不由自主地觊觎蛮夷的赋税[①]。

欲增加蛮夷赋税，需要一个前提或者借口，即所谓的“蛮夷率服，可比汉人”。若此，也可见当时武陵蛮夷与汉人在经济发展、生活方式等诸多方面并无太大差异。

① 有学者认为，“从汉武帝一直到王莽，国家对经济的垄断和管制非常强。通过所谓的盐铁官营、均输平准、算缗告缗、五均六管、王田私属，所有比较盈利的产业都由国家垄断。中央财政因此聚敛了巨额的财富，所谓‘太仓之粟，陈陈相因’。到了东汉，情况就发生了很大的变化。地方上有很多很富裕的豪强，但是中央财政就比较萎靡不振，汉安帝时期已经是‘官负人债’。参见秦晖：《秦汉史讲义》，山西人民出版社，2024年，第361页。

附录　论武陵地区出土的刻纹铜壶

境内发现的刻纹铜壶，在第二章中已有提及，不过并未就其文化因素和来源展开分析。鉴于此类铜壶具有的独特地域性，也是考察岭南刻纹技术扩散的重要证据，下面拟就此再度进行考察。为了行文的方便和阅读之需，部分内容与第二章存在重复。

一、发现概况

发现如下。

1. 桃源

刘坪村出土1件[①]。高37厘米。口沿刻"□□年□□月宜侯王宜子孙"，圈足刻一对凤鸟和鱼。

2. 恩施

金龙坝出土2件[②]。一件口径14.3、高37.8厘米，肩部刻一周三角锯齿纹。另一件口径11.8、高36厘米，颈部刻凤鸟和鱼，肩部为一周三角锯齿。

---

① 桃源县文化馆：《桃源县发现汉代铜器和晋代印章》，湖南省博物馆、湖南省考古学会合编：《湖南考古辑刊》（第三集），岳麓书社，1986年，第276页。

② 恩施土家族苗族自治州博物馆编：《恩施州博物馆精品文物之历史篇》，长江出版社，2019年，第62、63页。

3. 黔江[①]

2件。邻鄂乡所出，口径12、高37厘米，颈部有一凤鸟和鱼，肩部为一周三角锯齿。正阳乡所出，口径12.5、高30厘米，肩部为一周三角锯齿。

4. 古丈

河西村出土1件，肩部为一周三角锯齿，一面为凤鸟，另一面为鱼纹[②]。

5. 保靖

1980年碗米坡镇上家村出土1件，口径12、高37厘米。颈部刻有凤鸟纹。圈足外底模铸“大吉”和双鱼[③]。

部分博物馆所藏也很可能出自武陵境内，如下：

（1）湘西州博物馆藏2件[④]。一件颈部有凤鸟和鱼，肩部刻三角锯齿，口径12.5、高37.2厘米。另一件口沿下刻三角锯齿，口径12.5、高36厘米。

（2）重庆市涪陵区博物馆藏1例[⑤]。口径16、高35厘米。肩部刻一周三角锯齿纹。口沿有刻铭，为“永初元年二月廿九日龚巨志作直四千五百”。

（3）慈利博物馆藏有1件。在圈足上刻鱼纹[⑥]。

（4）湖南博物院藏2件。根据铭文分别命名为“邓次”和“李是”壶。1960年湖南博物院首先对其进行了介绍[⑦]，发表了“李是”壶的部分纹饰。1992年周世荣先

---

① 重庆市黔江区文化委员会：《丹兴遗珍——重庆市黔江区第一次全国可移动文物普查成果专辑》，西南交通大学出版社，2018年，第88、89页。

② 刘世树：《湘西土家族苗族自治州文物地图集》，湖南地图出版社，2021年，第18页；湘西土家族苗族自治州文物工作队、博物馆编印：《湘西土家族苗族自治州文物志》，1981年内部印刷，第153页。

③ 国家文物局主编：《中国文物地图集·湖南分册》，湖南地图出版社，1997年，第362～457页。

④ 承蒙湘西州博物馆提供。

⑤ 幸军主编：《巴渝藏珍——重庆市第一次全国可移动文物普查文物精品图集》（金属器卷），西南师范大学出版社，2019年，第104页。

⑥ 承蒙慈利博物馆提供。

⑦ 湖南省博物馆：《介绍几件从废铜中检选出来的重要文物》，《文物》1960年第3期。

生则发表了详细材料[1]。具体如下。

“邓次”壶。口沿残；颈部刻铭“主师作上牢宜子孙”，圈足刻铭“邓次藏锺一只直钱六千五百卅”；器底铭文模铸“主人相宜”。纹饰分别刻在颈部和圈足上。颈部图案分两组：一组为一持刀武士和一凤鸟，对面为一组凤鸟和鱼。圈足图案分为三组：一组为类似虎的动物和凤鸟，一组为弯弓放箭的猎人和动物，另一组为凤鸟和鱼。在颈部和圈足底部分别用一周三角锯齿纹作为装饰带。

“李是”壶。高37厘米。口沿刻“富贵昌乐未央李是”。圈足刻纹模糊，似乎为鱼。颈部刻纹分为两组：一组为一门阙和蹶张，另一组为树下喂马图。

二、特征观察

综合上述所出特征，分析如下。

（一）器　　形

均为盘口、长颈、折肩、扁腹，肩、腹模铸数圈凸弦纹饰似瓦棱，喇叭状高圈足分为两节，肩部对称设置环耳。

根据腹部略存的差异，划分以下三类。

甲类：扁弧腹，最大径位于肩腹交界处。

根据颈部的粗细和圈足的高矮变化分二式。

Ⅰ式：颈略短、粗，圈足略矮。

重庆市涪陵区博物馆所藏（图一，1）和桃源刘坪所出（图一，2）。

Ⅱ式：颈略长、细，圈足略高。

湖南博物院藏“邓次”壶（图一，3）和恩施金龙坝（图一，4）、黔江正阳乡所出（图一，5）。

---

① 周世荣：《湖南战国秦汉魏晋铜器铭文补记》，《古文字研究》（第19辑），中华书局，1992年，第231～233页。

1　2　3　4　5

图一　甲类刻纹铜壶

1、2. Ⅰ式（重庆市涪陵区博物馆藏、桃源刘坪）　3～5. Ⅱ式（湖南博物院藏“邓次”壶、恩施金龙坝、黔江正阳乡）

乙类：扁直腹，最大腹径位于中部。

颈细长、高圈足。有恩施金龙坝（图二，1）、黔江邻鄂乡所出（图二，2）和湖南博物院（图二，3）、湘西州博物馆（图二，4、5）、慈利博物馆所藏（图二，6）。慈利博物馆所藏颈部还设置环耳。

丙类：扁鼓腹。

颈略粗短、高圈足。古丈河西出土（图三）。

（二）装饰及其纹样

均有细线錾刻，錾刻位置为口沿沿面、口沿下、颈、肩、圈足，腹部尚未发现。按錾刻的位置观察如下。

图二　乙类刻纹铜壶

1. 恩施金龙坝　2. 黔江邻鄂乡　3. 湖南博物院藏“邓次”壶　4、5. 湘西州博物馆藏　6. 慈利博物馆藏

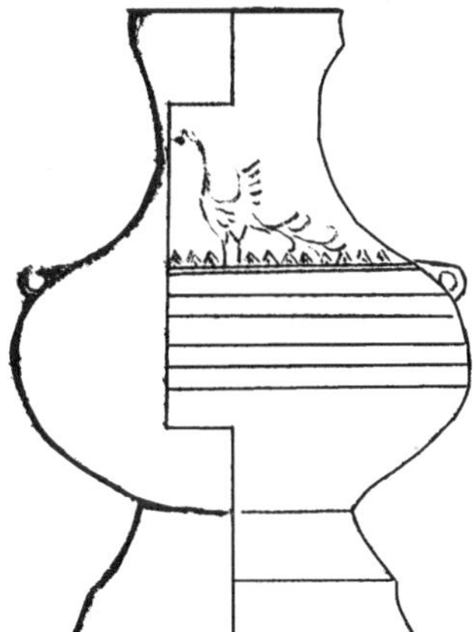

图三　丙类刻纹铜壶

（古丈河西）

图四　刻纹铜壶口沿錾刻鱼纹
（恩施金龙坝）

1. 口沿沿面

仅发现1例，恩施金龙坝出土。錾刻对称鱼纹（图四）。

2. 口沿下

1例，湘西州博物馆藏，錾刻三角锯齿（图五）。

图五　刻纹铜壶口沿下錾刻三角锯齿
（湘西州博物馆藏）

3. 颈部

纹饰较为丰富，类别如下。

（1）武士、凤鸟和凤鸟、鱼

有湖南博物院藏“邓次”壶（图六，1）。

（2）喂马和蹶张、门阙

有湖南博物院藏“李是”壶（图六，2）。

（3）凤鸟、鱼

有湘西州博物馆藏（图六，3）和恩施金龙坝（图六，4）、古丈河西（图六，5）、保靖上家、黔江邻鄂乡（图六，6）所出。

1

2

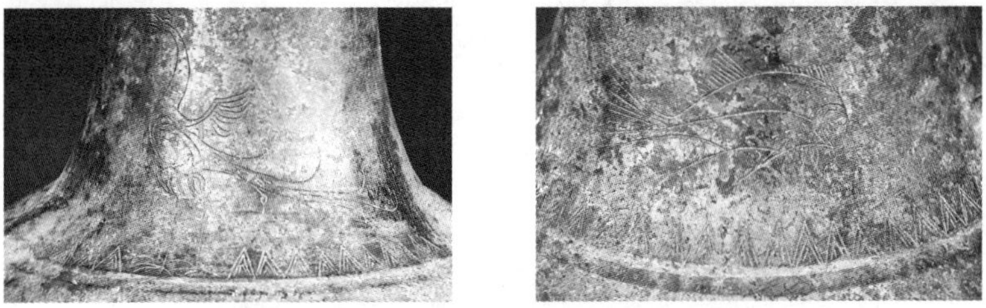

3

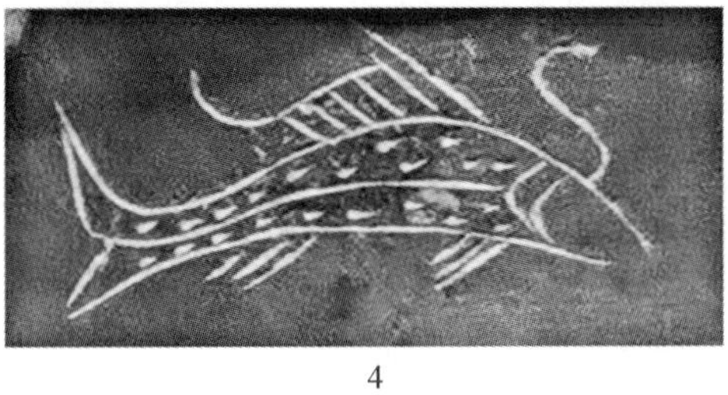

4

5

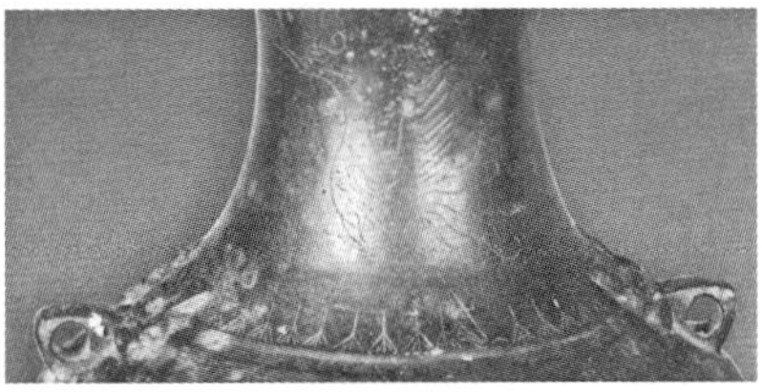

6

图六　刻纹铜壶颈部纹饰

1. 湖南博物院藏“邓次”壶　2. 湖南博物院藏“李是”壶　3. 湘西州博物馆藏　4. 恩施金龙坝　5. 古丈河西　6. 黔江邻鄂乡

4. 肩部

均为三角锯齿。如湖南博物院藏“邓次”壶和“李是”壶（图七，3）、湘西州博物馆所藏（图七，2）、重庆市涪陵区博物馆所藏和恩施金龙坝（图七，1）、黔江邻鄂乡（图七，4）、黔江正阳乡、古丈河西所出。

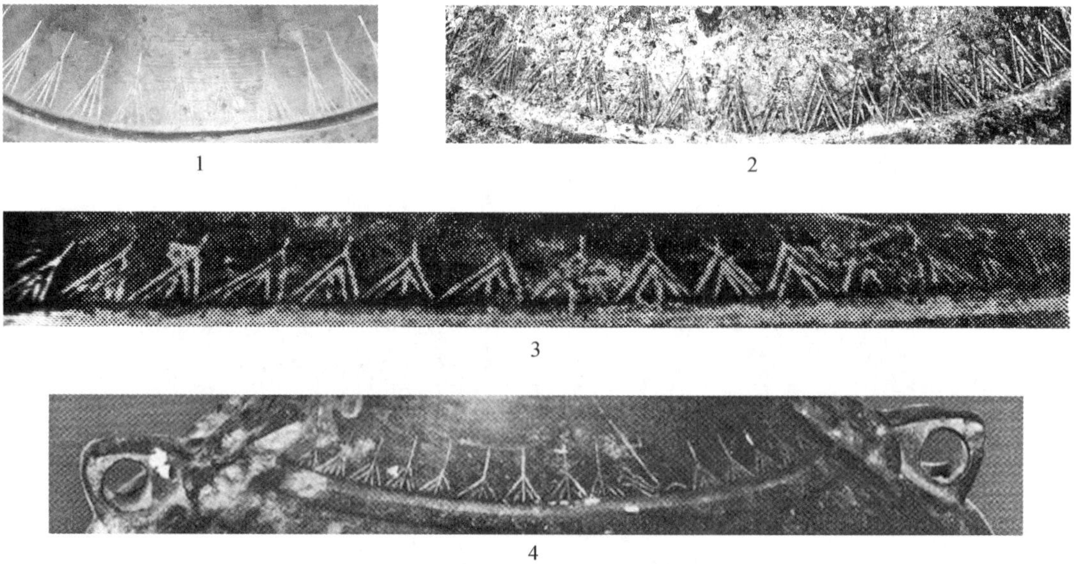

图七　刻纹铜壶肩部纹饰

1. 恩施金龙坝　2. 湘西州博物馆藏　3. 湖南博物院藏“李是”壶　4. 黔江邻鄂乡

5. 圈足

（1）龙、虎、凤和射猎

有湖南博物院藏“邓次”壶（图八，1）。

（2）凤鸟和鱼

有桃源刘坪所出（图八，2）、慈利博物馆藏。

由上文可知，刻纹铜壶多在颈、肩錾刻花纹。纹饰题材十分广泛，有武士、蹶张、门阙、凤鸟、鱼、三角锯齿、喂马、射猎、龙、虎，以凤鸟、鱼、三角锯齿最为常见。下面对较为丰富的凤鸟、鱼和三角锯齿进行分类观察。

鱼纹　背部均隆起，腹部存在一些差异，分为以下几小类。

A类　腹部曲。

如湘西州博物馆藏（图九，1）。

B类　腹部平直。

1

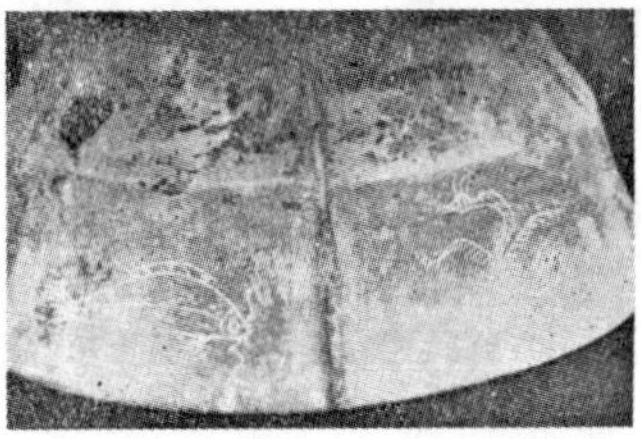

2

图八　刻纹铜壶圈足錾刻纹饰

1. 湖南博物院藏“邓次”壶　2. 桃源刘坪

1

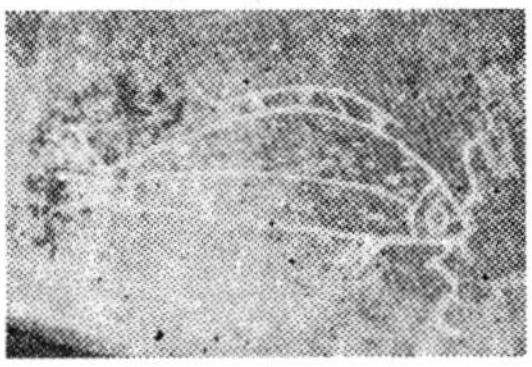

2

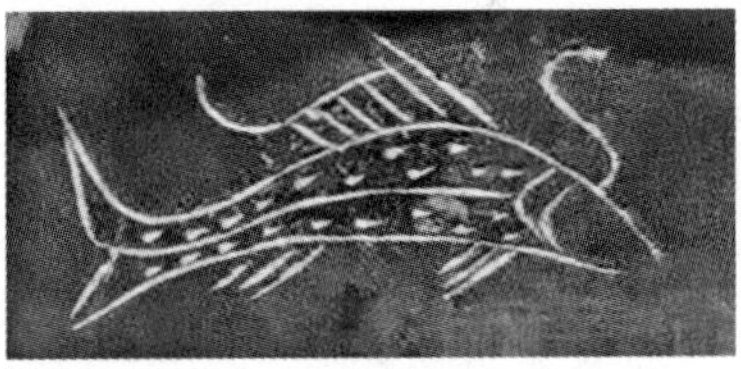

3

图九　刻纹铜壶鱼纹

1. A类（湘西州博物馆藏）　2. B类（桃源刘坪）　3. C类（恩施金龙坝）

如桃源刘坪所出（图九，2）。

C类　腹部弧。

如恩施金龙坝（图九，3）所出、湖南博物院藏“邓次”壶。

凤鸟纹　颈部存在差异，分为以下几小类。

A类　颈短，为弧形。

如湖南博物院藏“邓次”壶、湘西州博物馆所藏（图一〇，1）和恩施金龙坝、古丈河西（图一〇，2）、保靖上家、黔江邻鄂乡（图一〇，3）所出。

B类　颈长，呈S形。

如桃源刘坪所出（图一〇，4）。

三角锯齿　三角排列不整齐，胖瘦不一。

根据三角锯齿的顶端有无针尖分以下两小类。

A类　无针尖。

如湘西州博物馆（图一一，1）、重庆市涪陵区博物馆所藏和古丈河西（图一一，2）所出。

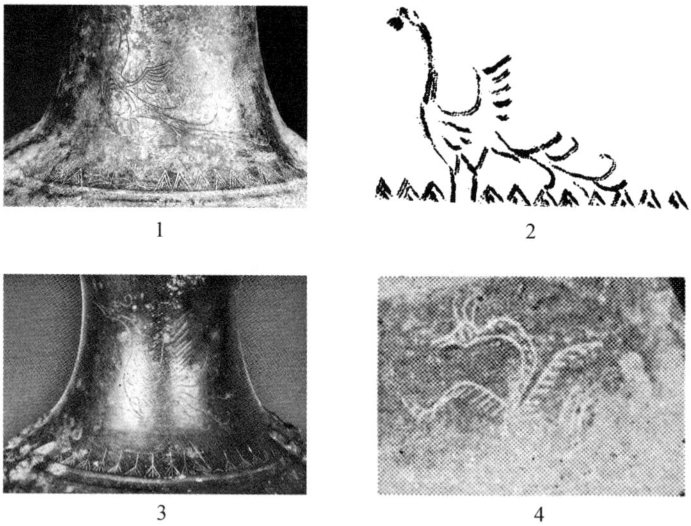

图一〇　刻纹铜壶凤鸟纹

1～3. A类（湘西州博物馆藏、古丈河西、黔江邻鄂乡）　4. B类（桃源刘坪）

B类　有针尖。

根据针尖的长短不同再分两小类。

Ba类　针尖短。

如湖南博物院藏“邓次”壶、“李是”壶（图一一，3）。

Bb类　针尖长。

如湘西州博物馆藏（图一一，4）和恩施金龙坝（图一一，5）、黔江邻鄂乡、黔江正阳乡所出。

（三）时　　代

重庆市涪陵区博物馆所藏有明确纪年，即“永初元年”（公元107年）。可知甲Ⅰ式属东汉中期。

乙类在汉末三国时期的墓葬中有发现，如忠县涂井M5[①]（图一二，1）、合浦岭脚村M4[②]（图一二，2）所出。时代很可能为东汉晚期或汉末。

① 四川省文物管理委员会：《四川忠县涂井蜀汉崖墓》，《文物》1985年第7期。

② 广西壮族自治区文物工作队、合浦县博物馆：《广西合浦县岭脚村三国墓发掘报告》，广西壮族自治区文物工作队编：《广西考古文集》（第二辑），科学出版社，2006年，第324～359页。

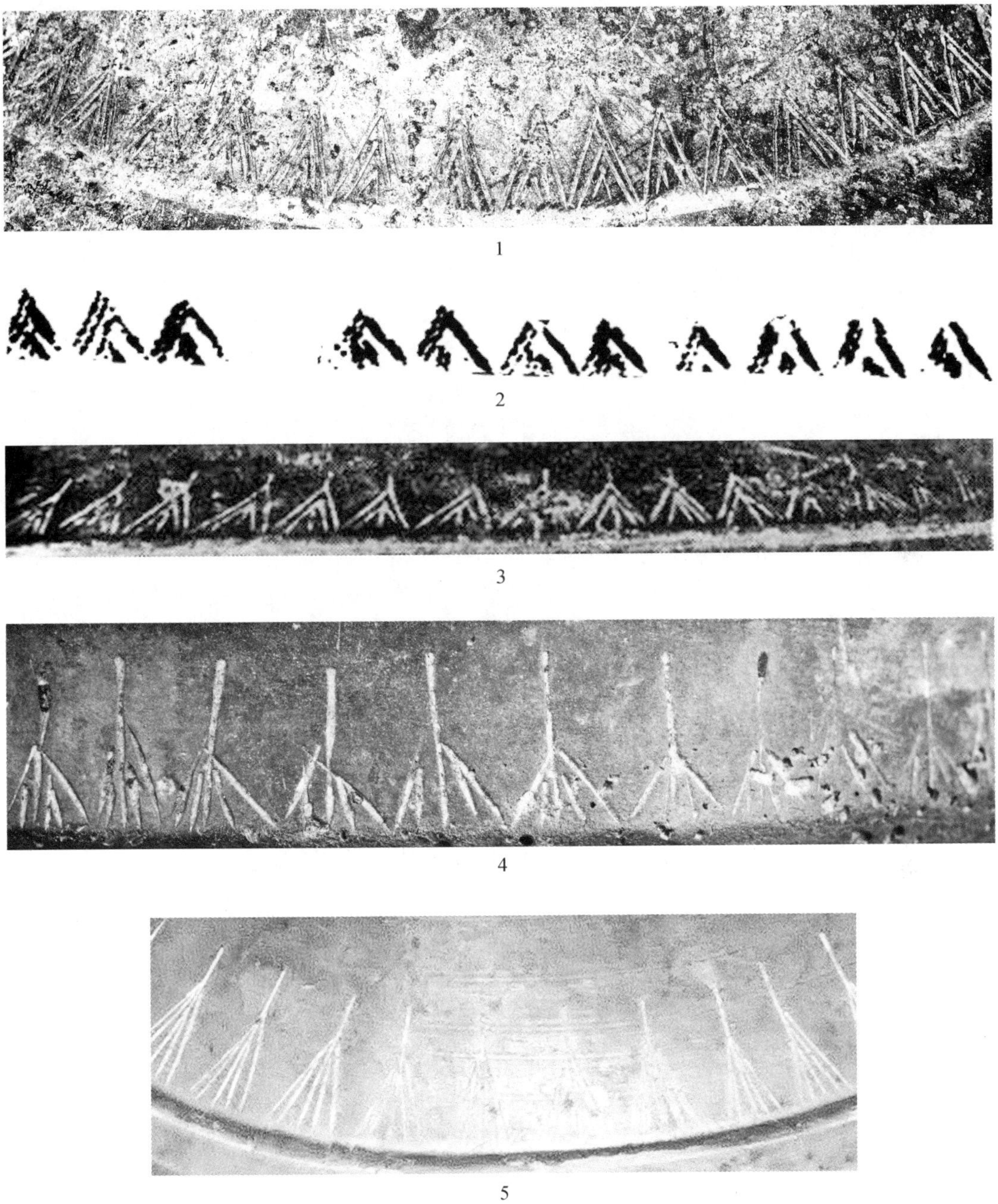

图一一　刻纹铜壶三角锯齿纹

1、2. A类（湘西州博物馆藏、古丈河西）　3. Ba类（湖南博物院藏“李是”壶）

4、5. Bb类（湘西州博物馆藏、恩施金龙坝）

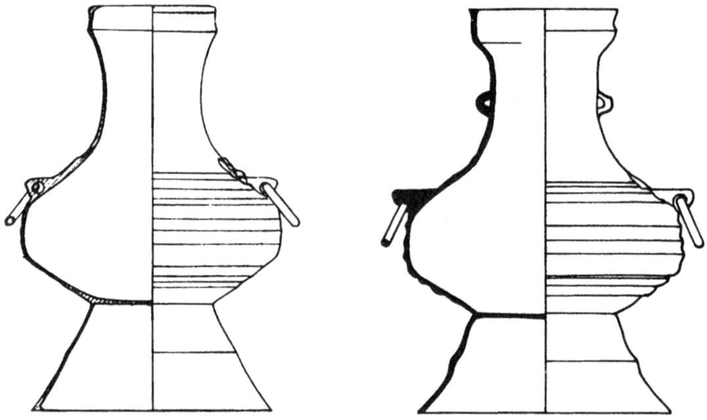

图一二　汉末三国时期的铜壶

1. 忠县涂井M5　2. 合浦岭脚村M4

甲Ⅱ式与乙类均为细长颈、高圈足风格，时代应该接近。

丙类的形态特征处于甲Ⅰ式和Ⅱ式之间，即颈略粗短、圈足高，推断时代属东汉中晚期。

由此可见，武陵地区所出刻纹铜壶的时代较为集中，器形和装饰、纹样也大体接近，很可能来自同一产地。

三、与其他地区的比较

武陵山区之外也发现一批与上述铜壶风格接近的刻纹铜壶，大致如下。

丹阳瓜渚墓葬出土1件[①]。肩部刻一凤鸟和一周三角锯齿纹（图一三，1）。墓葬出土“永元十三年”铜带钩，即公元101年。可知时代为东汉中期。

苍山柞城窖藏出土2件[②]。一件口径16、高36厘米，圈足外刻“元和四年，江陵黄阳君作，宜子孙及酒食。吏人得之，致二千石。□人得之，致二千万；田家得之，千厨万仓”。肩部刻一周三角锯齿（图一三，2）。另一件口径16.5、高39.5厘米，圈足刻龙、虎和人戏凤鸟（图一三，3）。两件形态接近。根据铭文“元和四年”即公元84年，可知时代为东汉早期后段。

① 镇江市博物馆、丹阳县文化馆：《江苏丹阳东汉墓》，《考古》1978年第3期。

② 刘心健、刘自强：《山东苍山柞城遗址出土东汉铜器》，《文物》1983年第10期。

图一三　其他地区所出、博物馆藏、金石学著录中的刻纹铜壶

1. 丹阳瓜渚　2、3. 苍山柞城　4. 卢芹斋藏　5.《宣和博古图》　6.《西清续鉴》　7.《陶斋吉金录》　8.《秦汉金文录》　9. 日本泉屋博古馆藏　10.《东洋镜·中国美术史》

部分为国外博物馆所藏或图录著录，如下：

卢芹斋收录1件，圈足面刻有龙和凤鸟之类图案。口径11.7、高28厘米[①]（图一三，4）。器形与苍山所出较为接近，可推断为东汉早期。

日本泉屋博古馆收藏1件，圈足上刻一龙和一虎图案。盖面及圈足饰以龙形线刻。同样的图案施于器盖边缘与器身口沿，起到指示扣合位置的作用[②]（图一三，9）。盘口也不深，推断时代为东汉早期。

《宣和博古图》收录1件，颈部刻有凤鸟和鱼，肩部为一周三角锯齿[③]（图一三，5）。时代为东汉晚期。

《西清续鉴》收录1件，颈部刻鱼。疑另一面可能还有凤鸟[④]（图一三，6）。根据铭文"延熹元年造作，□□□成雷□□锺，廿二斤。直钱二千四百，大吉□□富贵宜田家□意□长生。"可知时代为公元158年。

《陶斋吉金录》著录1件，肩部为一周三角锯齿[⑤]（图一三，7）。时代为东汉晚期。

《秦汉金文录》著录1件，圈足刻一凤鸟[⑥]（图一三，8）。根据铭文，可知时代为公元134年。

《东洋镜·中国美术史》著录1件，图上可见肩部刻有一周三角锯齿，根据图录的文字说明"还可能刻有汉代画像石图案和传统建筑门饰"[⑦]（图一三，10），可知时代为东汉晚期。

与武陵地区发现的刻纹铜壶相比，上述铜壶的器形归属如下：

丹阳所出，属甲Ⅱ式；

苍山柞城所出，属丙类，但时代偏早，为东汉早期；

卢芹斋藏，属丙类，但时代早，为东汉早期；

---

① 陈梦家：《美国所藏中国铜器集录》下卷，金城出版社，2016年，第1802页。

② 吕章申：《海外藏中国古代文物精粹·日本泉屋博古馆卷》，安徽美术出版社，2016年，第240、241页。

③ （宋）王黼：《宣和博古图》，上海书店出版社，2017年，第231页。

④ （清）王杰：《西清续鉴》甲编卷八，清宣统二年上海涵芬楼影印宁寿宫写本。

⑤ （清）端方：《陶斋吉金录》，朝华出版社，2018年，第597页。

⑥ 容庚：《秦汉金文录》，中华书局，2011年，第203页。

⑦ 〔日〕大村西崖著，孙魏译：《东洋镜·中国美术史》，中国工人出版社，2021年，第231页。

《博古图》著录，由于测绘的误差，初步推断属乙类；

《西清续鉴》著录，初步推断属乙类；

《陶斋吉金录》著录，初步推断属乙类；

《秦汉金文录》著录，无法观察形态；

日本泉屋博古馆藏，属丙类，但时代早，为东汉早期；

《东洋镜·中国美术史》著录，属乙类。

装饰方面，与武陵山区无别，在颈、肩或圈足錾刻。纹饰方面，不少与武陵山区相同，如三角锯齿、凤鸟、鱼纹等；部分不然，如苍山柞城所出和泉屋博古馆所藏，龙、虎之类图案罕见于武陵地区。

若此，上述铜壶与武陵山区铜壶既有较大的共性，也存在一些差异，反映出两者存在的紧密关系。

四、来　源

武陵山区的刻纹铜壶来自何处？需要将上述刻纹铜壶综合考察。

根据造型和装饰及纹样，上述铜壶可划分两组，如下。

甲组，即东汉早期的铜壶。造型均一致，即：浅盘口、颈较粗短、扁鼓腹，圈足略矮且多棱。装饰主要出现在圈足上，纹饰以龙、虎纹为主；三角锯齿尚未出现针尖。

乙组，即东汉中晚期的铜壶。造型较为多样，装饰主要出现在颈、肩部，多为凤鸟和鱼纹；三角锯齿多有针尖。

其分布也存在一些差异。

甲组，考古所出仅见于苍山柞城。

乙组，考古所出见于桃源、恩施、吉首、黔江、涪陵、丹阳、慈利、古丈等地。

上述差异的形成，很可能与制作地的不同存在关联。

据苍山柞城所出铭文有“元和四年江陵黄阳君作”，明确可知甲组在江陵一带制造。

乙组，主要出现在包括湘鄂西、渝东在内的武陵山区境内，推断为本地制作。

对此，不乏其他方面的证据。如与乙组铜壶造型相同仅无刻纹的铜壶，武陵山区所出也最为集中和丰富：①恩施境内，恩施州博物馆藏有建始县景阳镇等所出3件[①]；巴东博物馆藏境内火峰所出数件。②古丈，白鹤湾出土1件[②]，河西出土2件[③]。③桃源，竹园村发现4件[④]，大池塘发现2件[⑤]。④安化，江溪村茶场发现2件[⑥]。⑤吉首，双河出土1件[⑦]，河溪出土1件[⑧]，大田湾出土1件[⑨]，另湘西州博物馆藏8件[⑩]。⑥石门，俄公山出土1件[⑪]。⑦张家界，城区出土2件[⑫]。⑧保靖，牛肚湾M1出土1件[⑬]。

此外，部分纹饰多发现于武陵境内的其他铜器上，如鱼纹在錞于、洗上均有发现，部分刻纹铜壶如恩施金龙坝所出外底模铸钱币纹或"大吉"铭文的做法也多集中出现在武陵境内[⑭]。

两地制作的来源也存在差异，分析如下。

---

① 王晓宁：《湖北鄂西自治州博物馆藏青铜器》，《文物》1990年第3期；恩施土家族苗族自治州博物馆编：《恩施州博物馆精品文物之历史篇》，长江出版社，2019年，第65～67页。

② 湘西自治州文物管理处、古丈县文物管理所：《古丈县白鹤湾战国西汉墓发掘报告》，湖南省文物考古研究所、湖南省考古学会：《湖南考古》（2002上），岳麓书社，2004年，第147～173页。

③ 湘西土家族苗族自治州文物工作队、博物馆编印：《湘西土家族苗族自治州文物志》，1981年内部印刷，第160页。

④ 王英党：《湖南桃源县出土一批东汉铜器》，《考古》1993年第7期。

⑤ 高至喜：《湖南桃源大池塘东汉铜器》，《考古》1983年第7期。

⑥ 熊传新：《湖南发现的古代巴人遗物》，文物编辑委员会：《文物资料丛刊》（7），文物出版社，1983年，第30～33页。

⑦ 林时久：《湘西吉首出土錞于》，《文物》1984年第11期。

⑧ 林时九：《湘西吉首出土东汉窖藏铜器》，湖南省博物馆、湖南省考古学会合编：《湖南考古辑刊》（第三集），岳麓书社，1986年，第264、272页。

⑨ 湘西土家族苗族自治州文物工作队、博物馆编印：《湘西土家族苗族自治州文物志》，1981年内部印刷，第161～163页。

⑩ 承蒙湘西州博物馆杨震先生告知并提供资料。

⑪ 龙西斌、高中晓：《石门、慈利出土錞于简介》，湖南省博物馆、湖南省考古学会合编：《湖南考古辑刊》（第三集），岳麓书社，1986年，第261～263页。

⑫ 湖南省文物考古研究所、湘西自治州文物工作队、大庸市文物管理所：《湖南大庸东汉墓》，《考古》1994年第12期。

⑬ 湘西土家族苗族自治州文物工作队、博物馆编印：《湘西土家族苗族自治州文物志》，1981年内部印刷，第88、89页。

⑭ 刘世树：《湘西土家族苗族自治州文物地图集》，湖南地图出版社，2021年，第18页。

江陵制造多继承岭南因素。器形方面，江陵制造的特征为扁鼓腹、喇叭状圈足，其中部分圈足明显分上下两层，少量圈足面出现纵向的凸棱。类似器最早发现于岭南境内，如合浦文昌塔M015（图一四，1）、M69[①]（图一四，2）以及丰门岭M10[②]等，时代为西汉晚期后段至东汉早期。

纹样方面，其龙、虎图案也与岭南十分接近，如苍山柞城所出与广州M5054[③]酒樽纹饰并无太大差异（图一五）。

初步推断，江陵制造可能与岭南存在直接的联系。

武陵制造的来源则较为广泛，存在多个直接的来源。鉴于类似造型在西南和长江中游均有大量发现，难以推断源头，下面仅从装饰入手，分析如下。

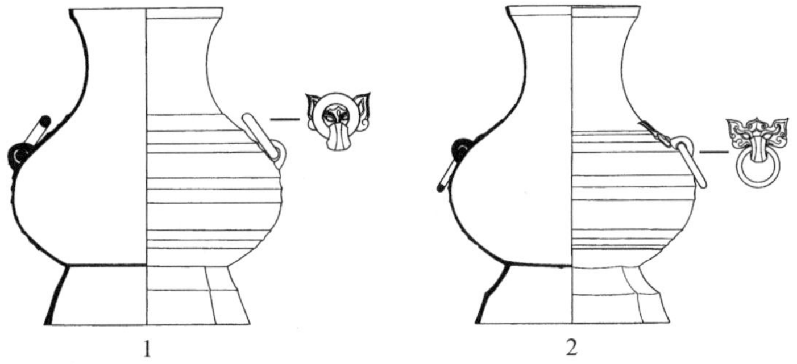

图一四　岭南所出部分早期铜壶

1. 合浦文昌塔M015　2. 合浦文昌塔M69

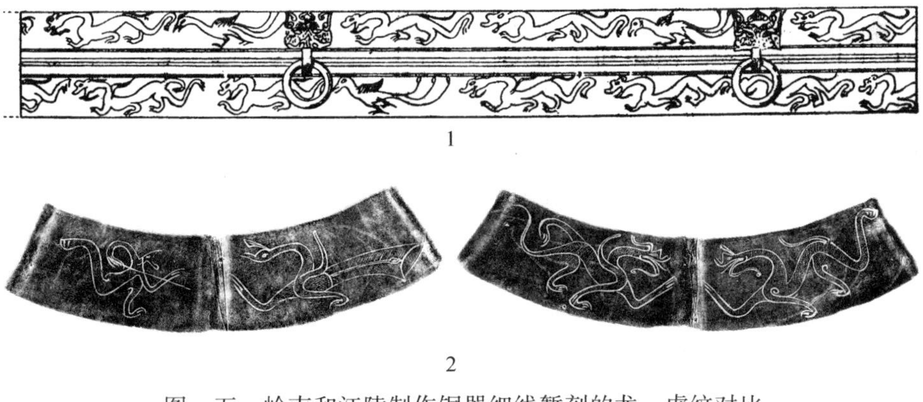

图一五　岭南和江陵制作铜器细线錾刻的龙、虎纹对比

1. 广州M5054　2. 苍山柞城

① 广西文物保护与考古研究所：《广西合浦文昌塔汉墓》，文物出版社，2017年，第292页。

② 合浦县博物馆：《广西合浦县丰门岭10号汉墓发掘简报》，《考古》1995年第3期。

③ 广州市文物管理委员会、广州市博物馆：《广州汉墓》，文物出版社，1981年，第435页。

来源一，江陵制造。肩部、圈足錾刻图案的做法在武陵制造中得到继承，部分图案也得到承袭，如三角锯齿纹。

来源二，西南制造。广泛流行的凤鸟和鱼纹在朱提堂狼器中大量发现，应该来自后者[①]。此外，武陵境内亦发现大量来自西南制造的铜器，如洗、壶形尊、鋗、鍪、釜等，其中不乏铭文“朱提堂狼”“蜀郡”之类[②]即可为证。数量如此之多，可见武陵境内与西南存在紧密的联系。

至于武士、射猎、蹶张、门阙等画像题材，多见于南阳的画像砖石。推断与南阳一带有关。

目前尚未发现武陵制造刻纹铜壶与岭南存在直接联系的证据。此外，其他器类亦然，不仅类似造型的铜壶在岭南境内零星出现，其纹样则更为罕见。同样，武陵境内也尚未发现相关的岭南铜器。

五、附论岭南刻纹技术的扩散

两汉时期岭南的錾刻铜器不仅内销本地，也大量销往外地[③]，刻纹技术也相继扩散。从目前发现的材料来看，其刻纹技术的扩散大致发生在两个阶段。

第一阶段：西汉晚期至东汉早期。

扩散区域有西南和江陵。

西南所出证据不多，仅发现零星的几例。

个旧黑蚂井M16所出铜壶，圈足上錾刻鱼纹[④]（图一六，1）。越南广南莱宜M37所出铜双耳锅，腹部亦錾刻鱼纹[⑤]（图一六，2）。

以鱼单独装饰的做法最早且大量发现于西南境内，如：个旧黑蚂井M27所出

① 吴小平、魏然：《朱提堂狼器考》，《考古学报》2021年第3期。

② 可参阅第二章；吴小平、魏然：《朱提堂狼器考》，《考古学报》2021年第3期。

③ 吴小平：《岭南地区出土汉代铜器的考古学探索》，浙江大学出版社，2021年，第227～235页。

④ 云南省文物考古研究所、红河哈尼族彝族自治州文物管理所、个旧市博物馆：《个旧市黑蚂井墓地第四次发掘报告》，科学出版社，2013年，第16页。

⑤ 韦伟燕：《越南境内汉墓的初步研究》，《考古学报》2023年第2期。

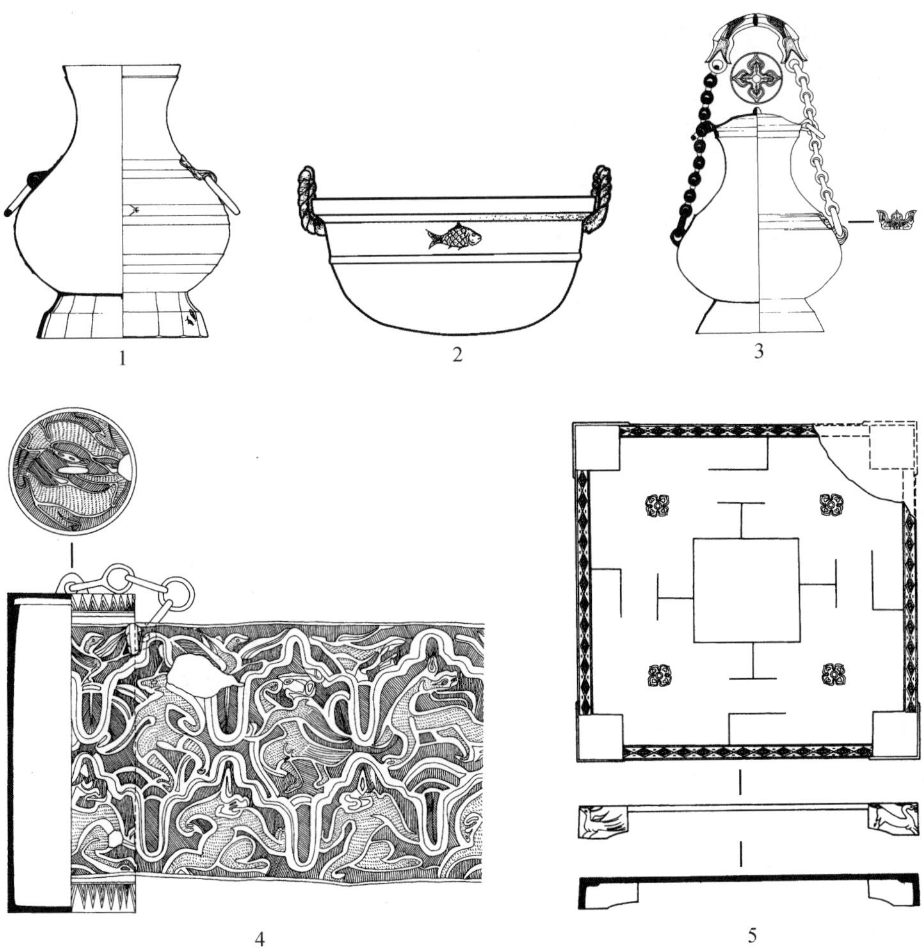

图一六　西南制作的部分刻纹铜器

1. 个旧黑蚂井M16　2. 越南广南莱宜M37　3. 个旧黑蚂井M43　4. 个旧黑蚂井M34　5. 个旧黑蚂井采集

鍪[①]，赫章可乐M8[②]和个旧黑蚂井M26所出短颈环耳釜[③]，赫章可乐M8[④]所出鉴，赫

① 云南省文物考古研究所、红河哈尼族彝族自治州文物管理所、个旧市博物馆：《个旧市黑蚂井墓地第四次发掘报告》，科学出版社，2012年，第76页。

② 贵州省博物馆考古组、贵州省赫章县文化馆：《赫章可乐发掘报告》，《考古学报》1986年第2期。

③ 云南省文物考古研究所、红河哈尼族彝族自治州文物管理所、个旧市博物馆：《个旧市黑蚂井墓地第四次发掘报告》，科学出版社，2013年，第71页。

④ 贵州省博物馆考古组、贵州省赫章县文化馆：《赫章可乐发掘报告》，《考古学报》1986年第2期。

章县M7[①]、个旧黑蚂井89M4[②]和大关岔河[③]所出刁斗，江川李家山M86[④]和个旧黑蚂井M16[⑤]所出立耳平底釜等，内底均模铸单鱼纹，时代为西汉晚期至东汉初期。而单独的鱼纹装饰罕见于岭南境内，可排除个旧黑蚂井M16所出由其制作的可能性。若此，越南广南莱宜所出也很可能与西南一带有关。

此外，部分西南所出盖面錾刻柿蒂纹的铜壶不排除也为当地制造的可能，如个旧黑蚂井M43（图一六，3）、西昌杨家山M1所出。其他器类则可能还包括泥筒（图一六，4）、博具（图一六，5）等，亦不见于岭南。

江陵地区。除了刻纹铜壶外，两湖地区出现的一些其他刻纹铜器也很可能为其产品。如盖面錾刻柿蒂纹的铜壶、鼎及刻纹熨斗和泥筒等（图一七），这些在岭南并不多见。

第二阶段：东汉中晚期至汉末。

扩散区域有西南和交趾。

西南地区。如盖面錾刻柿蒂纹的铜壶，有兴仁交乐M6[⑥]（图一八，1）、昭通得马寨[⑦]（图一八，2）、清镇M2[⑧]（图一八，3）等所出。而岭南仅发现2件。

通过对比也可发现，西南的刻纹铜壶仅盖面錾刻花纹，与武陵地区所出存在较大差异，可见武陵铜壶的刻纹装饰并非承袭西南。

交趾地区[⑨]。涉及刻纹器类较多，有鼎、鐎壶、锜、熏炉、象鼻提梁壶等。

---

① 贵州省博物馆：《贵州赫章县汉墓发掘简报》，《考古》1966年第1期。

② 云南省文物考古研究所、红河哈尼族彝族自治州文物管理所、个旧市博物馆：《个旧市黑蚂井墓地第四次发掘报告》，科学出版社，2013年，第183页。

③ 昭通市文物管理所：《昭通田野考古》（之一），云南人民出版社，2012年，第166～181页。

④ 云南省文物考古研究所、玉溪市文物管理所、江川县文化局：《江川李家山——第二次发掘报告》，文物出版社，2007年，第89页。

⑤ 云南省文物考古研究所、红河哈尼族彝族自治州文物管理所、个旧市博物馆：《个旧市黑蚂井墓地第四次发掘报告》，科学出版社，2013年，第17页。

⑥ 贵州省博物馆考古研究所：《贵州田野考古四十年》（1953—1993），贵州民族出版社，1993年，第236、264页。

⑦ 昭通市文物管理所：《昭通田野考古》（之一），云南人民出版社，2012年，第166～181页。

⑧ 贵州省博物馆：《贵州清镇平坝汉墓发掘报告》，《考古学报》1959年第1期。

⑨ 越南汉墓的材料均来自韦伟燕：《越南境内汉墓的初步研究》，《考古学报》2023年第2期。至于缘何推断这些刻纹铜器归属交趾制造，将另文阐述。

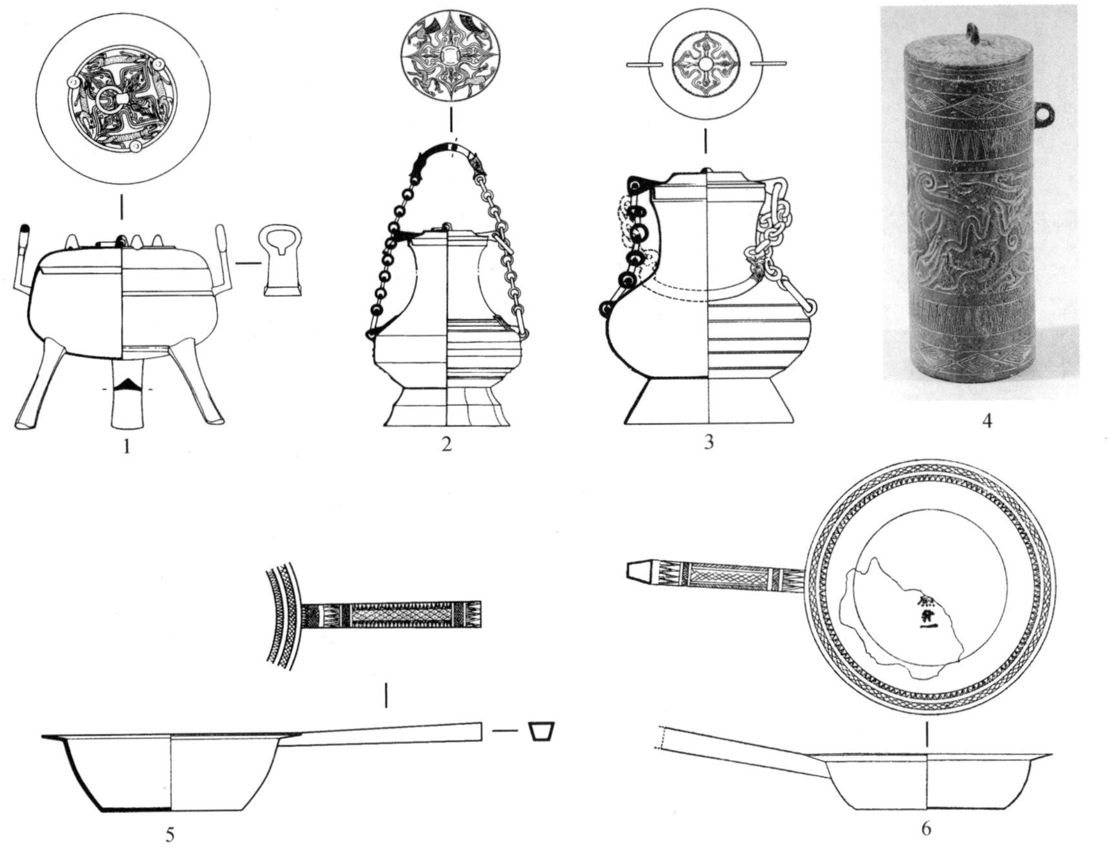

图一七　疑似江陵一带制作的部分刻纹铜器

1. 蕲春陈家大地M9　2. 蕲春陈家大地M3　3. 宜城跑马堤M20　4. 襄阳市博物馆藏　5. 常德D3M24　6. 长沙汤家岭

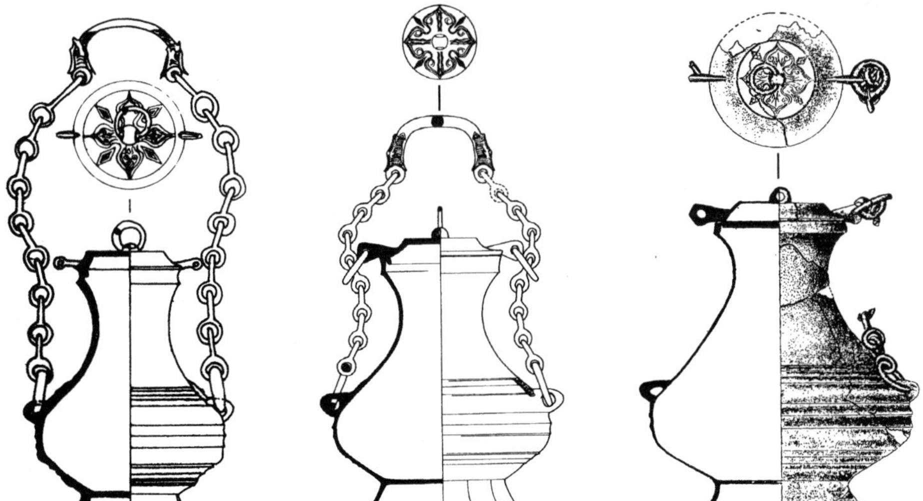

图一八　西南地区的部分刻纹铜壶

1. 兴仁交乐M6　2. 昭通得马寨　3. 清镇M2

鼎，有合浦岭脚村M4所出[①]（图一九，1）。

鐎壶，有厚禄长溪M3（图一九，2）、合浦禁山七星岭M3[②]（图一九，3）、西昌杨家山M1[③]（图一九，4）、昭通桂家院子[④]（图一九，5）、浦北那安村[⑤]所出。

锜，有清化安边M2（图一九，6）、兴安溶江石马坪[⑥]（图一九，7）、合浦岭脚村M4[⑦]、南康荒塘[⑧]所出。

象鼻提梁壶，有襄阳菜越M4[⑨]所出（图一九，8）。

熏炉，有寿光纪国故城窖藏所出[⑩]（图一九，10）、巴黎吉美博物馆所藏[⑪]（图一九，11）和洛阳博物馆所藏[⑫]（图一九，9）。

不难发现，岭南錾刻技术的扩散主要体现在一些錾刻技法和图案方面，如三角锯齿纹，出现在器盖、口沿、柄面、圈足，均属局部錾刻，尚未发现大量腹部錾刻的现象。其是否出现与腹部錾刻所需的技术难度较大、不易外传有关，尚需进一步的证据。

从扩散的时段来看，主要发生在东汉中晚期至汉末阶段。其原因应该与东汉中晚期岭南陷入各种动荡有关[⑬]，从而导致了部分铜业匠人的外迁。

---

① 广西壮族自治区文物工作队、合浦县博物馆：《广西合浦县岭脚村三国墓发掘报告》，广西壮族自治区文物工作队编：《广西考古文集》（第二辑），科学出版社，2006年，第324～359页。

② 广西壮族自治区文物工作队：《广西合浦县禁山七星岭东汉墓葬》，《考古》2004年第4期。

③ 四川凉山彝族自治州博物馆：《四川西昌市杨家山一号东汉墓》，《考古》2007年第5期。

④ 云南省文物工作队：《云南昭通桂家院子东汉墓发掘》，《考古》1962年第8期。

⑤ 梁旭达、覃圣敏：《广西浦北县出土的青铜器》，《文物》1987年第1期。

⑥ 兴安县文化馆：《兴安县溶江公社石马坪汉墓出土一件铜鐎壶》，《文物》1975年第5期。

⑦ 广西壮族自治区文物工作队、合浦县博物馆：《广西合浦县岭脚村三国墓发掘报告》，广西壮族自治区文物工作队编：《广西考古文集》（第二辑），科学出版社，2006年，第324～359页。

⑧ 朱思维、王雄球：《南康三益东汉铜盉》，《南方文物》2001年第4期。

⑨ 承蒙襄阳市文物考古研究所高顺利先生提供。

⑩ 寿光市博物馆：《山东寿光纪国故城东汉窖藏清理简报》，《中原文物》2018年第4期。

⑪ 李学勤、〔美〕艾兰：《欧洲所藏中国青铜器遗珠》，文物出版社，1995年，第187、188页。

⑫ 承蒙洛阳博物馆提供。

⑬ 吴小平：《岭南地区出土汉代铜器的考古学探索》，浙江大学出版社，2021年，第203、204页。

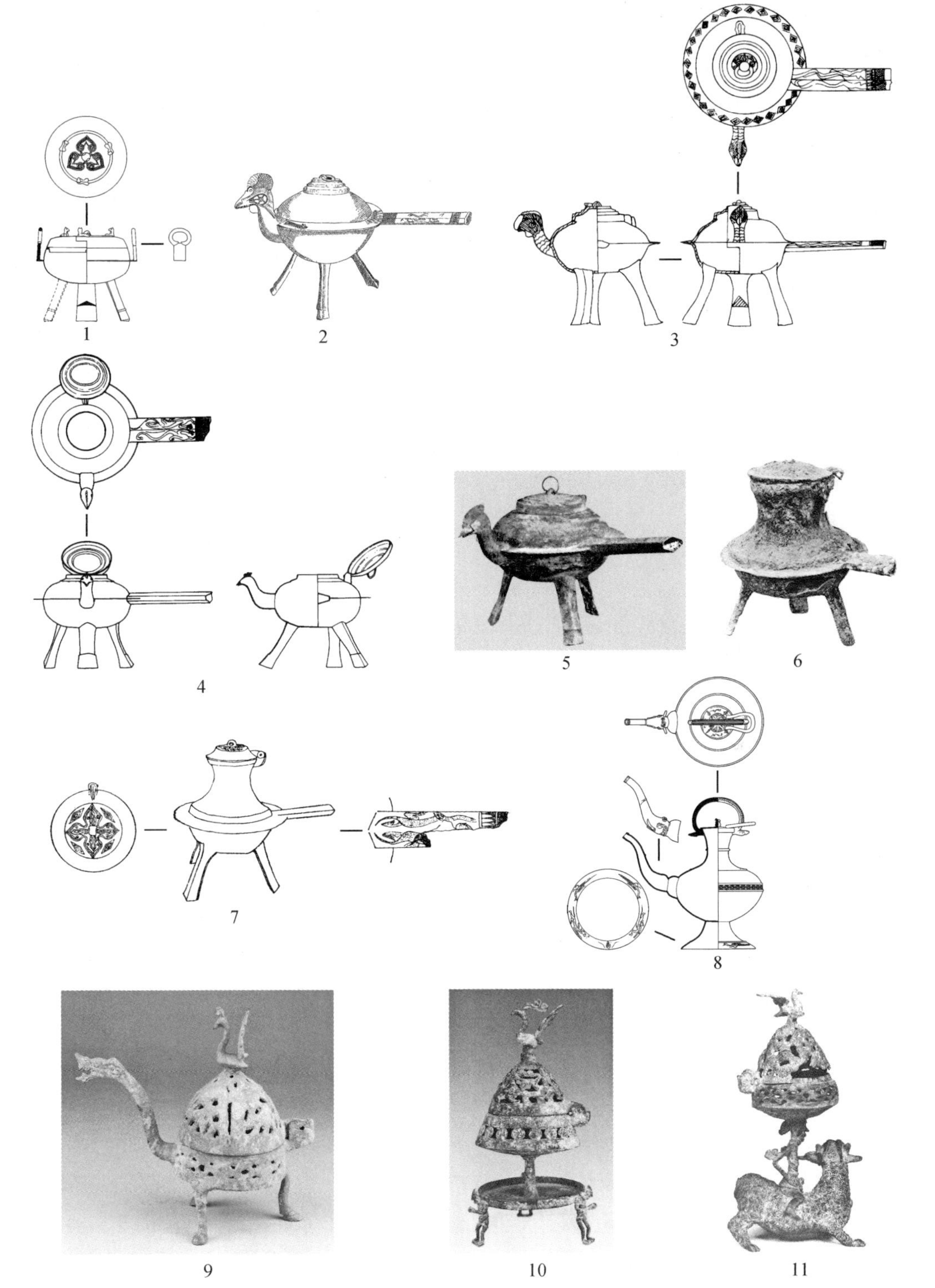

图一九　交趾制作的部分刻纹铜器

1. 鼎（合浦岭脚村M4）　2～5. 鐎壶（厚禄长溪M3、合浦禁山七星岭M3、西昌杨家山M1、昭通桂家院子）　6、7. 锜（清化安边M2、兴安溶江石马坪）　8. 象鼻提梁壶（襄阳菜越M4）　9～11. 熏炉（洛阳博物馆藏、寿光纪国故城窖藏、巴黎吉美博物馆藏）

对比可见，武陵制造与交趾并无直接的联系，境内也罕见交趾制作的其他器类。

缘何岭南刻纹技术难以直接影响武陵地区，而可达交趾、江陵和西南一带？当与交通条件有关。岭南与交趾紧邻，通过陆路或海道均可直达[①]；西南的个旧等地，则辗转交趾再溯源红河即可进入[②]；牂牁等地，通过牂牁江便可到达；至于江陵一带，位于岭南北上进入中原的要道，为荆襄道、湘桂道的交会地。相比而言，武陵地区位置较为偏僻，远离交通岭南的各种要道，难以建立与岭南的紧密关系。

至于武陵山区与江陵一带的交通，长江、沅江、澧水、清江等水道均提供了便利的条件。武陵进入西南，则溯酉水而上、途经一段陆路后沿乌江便可到达[③]。因此，武陵境内所受影响便多来自这两地。

---

① 〔新西兰〕龚雅华著，魏美强译：《汉唐时期岭南的铜鼓人群与文化》，南京大学出版社，2023年，第61、62页。

② 〔新西兰〕龚雅华著，魏美强译：《汉唐时期岭南的铜鼓人群与文化》，南京大学出版社，2023年，第60页。此外，个旧等地的出现，不排除存在资源交换的可能性，即个旧一带向岭南输出铜、锡等资源，换取相关铜器或技术。

③ 公元263年，“吴人以武陵五溪夷与蜀接界，蜀亡，惧其叛乱，乃以越骑校尉钟离牧领武陵太守。魏已遣汉葭县长郭纯试守武陵太守，率涪陵民入迁陵界，屯于赤沙，诱动诸夷进攻酉阳，郡中震惧”（《资治通鉴》卷七八“景元四年”），确切可知从今彭水可通保靖、永顺一带。里耶所出8-650+8-1462简记载涪陵与迁陵之间存在盐的买卖；《资治通鉴》卷六九载“（黄初三年）汉人自佷山通武陵，使侍中襄阳马良以金锦赐五谿诸蛮夷，授以官爵”等可知武陵境内北部与外界存在来往，但由于记载疏略，无法确定具体的交通线路。

后　记

对早期阶段武陵山区人群和社会的研究，一直是学界的热点，且主要聚焦于武陵蛮方面。对此，吴永章（《湖北民族史》，华中理工大学出版社，1990年；《中南民族关系史》，民族出版社，1992年；《鄂西民族地区发展史》，民族出版社，2007年）、陈国强（《百越民族史》，中国社会科学出版社，1988年）、蒋炳钊（《中国东南民族关系史》，厦门大学出版社，2007年）、张雄（《中国中南民族史》，广西人民出版社，1989年）、伍新福（《湖南民族关系史》，湖南人民出版社，2010年）、罗新（《王化与山险：中古边裔论集》，北京大学出版社，2019年）、鲁西奇（《空间·制度·社会——中国古代史地新探》，崇文书局，2022年）、魏斌（《古人堤简牍与东汉武陵蛮》，《"中央研究院"历史语言研究所集刊》第85本第1分，2014年）、王万隽（《东汉至三国武陵郡的屯戍体系与武陵蛮》，《成大历史学报》2022年12月）等学者均有精彩的论述或考证。

不难发现，受限于传统文献记载的简略，相关的研究其实在20世纪末便遭遇瓶颈，除了对武陵蛮夷的基本情况（如活动区域、名称等）有所了解之外，一些核心的问题仍未得到充分探讨或深入分析，如：唐代以前武陵地区的人群和社会结构究竟如何？华夏社会在东周时期蜂拥进入武陵山区，动机何在？史载"光武中兴，武陵蛮夷特盛"，但缘何之前罕见相关的蛮夷活动记载，遑论大规模的叛乱？东汉时期武陵蛮频频暴动的基础、原因何在？东汉马援平叛之后，中原王朝如何治理武陵山区？六朝时期各王朝对武陵的治理是否存在变化？武陵山区缘何沦落为"内地的边缘"？

鉴于文献材料的不足，欲对上述问题进行探讨，唯有依赖考古材料。若此，存在一个前提，即要识别出武陵蛮夷的遗存。但遗憾的是，武陵境内当前能够确定具有特定族群指向的墓葬并不多见，而史书记载"光武中兴，武陵蛮夷特盛"，按理应该发现大量的蛮夷墓葬才是。其原因何在？系考古发掘的不足导致？抑或与境内土著墓葬文化大致融入华夏体系有关？

可见，当前若仅依赖墓葬材料并无法支撑构建武陵蛮夷的文化体系，更无法就其社会进行深入分析。

除了墓葬外，武陵蛮夷是否还存在其他的考古遗存？为此学界经历了漫长的探索历程。

最早对境内窖藏进行介绍或收集的专著、论文基本将其视为华夏属性，对此，笔者同样也未能避免，直至近年来将窖藏地点布置在地图上时才幡然醒悟。

境内窖藏发现的偶然性和非考古发掘的属性，导致其资料的公布存在诸多问题，其中最大的问题便是所出铜器的信息大多不明。有赖于诸多湖南、湖北考古文博界朋友的帮助，近年来频频进入一些地县市博物馆库房得以一见，为此十分感谢常德博物馆、益阳市博物馆、怀化博物馆、湘西州博物馆、慈利博物馆、恩施州博物馆、巴东博物馆、来凤民族博物馆、咸丰县民族博物馆、湖南博物院、宜昌博物馆的领导和同仁们。

书稿的校对得到博士研究生黄伟、周兴华和硕士研究生肖心怡、陈钰、刘旭的帮助。

特别感谢责任编辑柴丽丽女士，其严格、认真的工作态度使人由衷地敬佩。

由于学术水平有限，本书对武陵蛮夷的认识仅是初步，定存在诸多不足，恳请学界批评指正！

2025年4月记于岳麓山下